从零开始学

外汇

-财富-
增值版

投资交易

杨小丽——编著

中国铁道出版社有限公司
CHINA RAILWAY PUBLISHING HOUSE CO., LTD.

内 容 简 介

本书是一本外汇投资的入门级书籍，它系统全面地介绍了外汇投资过程中的理论基础、操作技巧及获利方法。

本书共 14 章，可分为五个部分：第一部分介绍外汇市场的基础理论与投资方式；第二部分从网上银行、投资网站、交易软件等方面介绍了投资操作；第三部分从基本面角度讲解分析方法；第四部分为技能提升部分；第五部分介绍了外汇投资风险及其规避方法和操作策略的相关内容。

本书通过将内容归纳整理成多个实用知识点的形式介绍了外汇投资的相关知识，让读者阅读起来更为连贯，同时采用了大量的表格、案例与图示的方式，使读者学习起来更加轻松。

本书适用于对外汇投资没有太多经验的投资者，可以帮助其快速入门。另外也适合有一定经验的投资者作为投资参考。

图书在版编目（CIP）数据

从零开始学外汇投资交易:财富增值版/杨小丽编著.—北京：中国铁道出版社有限公司，2020.6

ISBN 978-7-113-26729-2

Ⅰ.①从… Ⅱ.①杨… Ⅲ.①外汇-投资-基本知识 Ⅳ.①F830.92

中国版本图书馆CIP数据核字（2020）第045856号

书　　名：从零开始学外汇投资交易（财富增值版）
　　　　　CONGLING KAISHI XUE WAIHUI TOUZI JIAOYI (CAIFU ZENGZHI BAN)
作　　者：杨小丽

责任编辑：张亚慧	**读者热线**：（010）63560056
责任印制：赵星辰	**封面设计**：宿　萌

出版发行：中国铁道出版社有限公司（100054，北京市西城区右安门西街8号）
印　　刷：北京柏力行彩印有限公司
版　　次：2020年6月第1版　2020年6月第1次印刷
开　　本：700 mm×1 000 mm　1/16　**印张**：17.5　**字数**：257千
书　　号：ISBN 978-7-113-26729-2
定　　价：59.00元

前言

随着我国经济实力的不断增强，普通老百姓走出国门已经不再是新鲜事了，同时人们接触外汇的机会也越来越多。然而你可能不知道，外汇不仅是一种外国的货币，同时还是一种投资理财工具。

所谓外汇，官方的解释是货币行政当局（如中央银行、货币管理机构、外汇平准基金及财政部等）以银行存款、财政部库券、长短期政府证券的方式保有的在国际收支逆差时可以使用的债权。当然，我们也可以简单理解，外汇既是外国的钱，也是本国持有的国外资产。

至于这里所说的外汇投资，则有着更加深刻的内涵，既有投资市场复杂的交易机制，又有银行多样的外汇理财产品，更有丰富的外汇衍生品。这些内容都是我们投资外汇所必须了解的。

作为投资者个人而言，也许您已经对投资理财有了一定的认识，并且有进入投资市场的愿望；也许您进行过股票、基金等投资产品的投资，并且成绩不错；又或许您经常出国旅游、工作，手中经常持有外币。无论您属于哪一类人，现在都可以详细地阅读本书，轻松踏实地走进外汇市场。

本书作为一本入门级的外汇投资书籍，用来帮助新手投资者快速进入外汇市场最为适合。全书的结构清晰、明了，主要对外汇的各类知识系统地进行整理，以帮助投资者快速找到想要学习的内容。本书共14章，可分为五个部分。

- 第一部分（第1~3章）：这一部分是外汇投资的理论部分，包括的内容有外汇的基础理论、外汇投资市场及外汇的交易类型。通过对这部分内容的学习，读者可以快速进入外汇市场，并从复杂的外汇市场中找到自己想要的投资产品。
- 第二部分（第4~6章）：这一部分主要介绍了和外汇投资有关的

网站、网上银行、交易软件、手机投资等，另外还介绍了各个银行的外汇业务，切实帮助投资者掌握投资外汇的技术。

● 第三部分（第 7 章）：介绍了外汇基本面的分析内容，虽然讲解的内容不多，但投资者详细阅读本章即可轻松把握世界汇市的风云变化，为投资外汇打下基础。

● 第四部分（第 8 ~ 12 章）：介绍了外汇价格的技术分析，包括分时图、K 线图、趋势线、技术指标等方面，全方位地教会投资者如何分析外汇价格，以便快速获利。

● 第五部分（第 13 ~ 14 章）：主要介绍的是外汇投资风险和规避方法，以及投资技巧和策略的相关内容。

在创作本书的过程中，首先采用丰富的图示与案例，让阅读变得轻松，也让知识点更加直观；其次，本书在操作与分析过程中采用了大量的网页和软件截图，让投资者可以更加便捷地学会分析；最后，本书语言较为简洁，没有使用复杂的专用投资术语，让新手投资者可以轻松学习外汇投资知识。

相信有了本书的帮助，您一定可以快速走进外汇市场，实实在在地利用外汇获取收益。

由于编者经验有限，加之时间仓促，书中难免会有疏漏和不足之处，恳请专家和读者不吝赐教，另外，任何投资都有风险，投资者进入外汇市场时应慎之又慎。

编 者

2020 年 3 月

目录
CONTENTS

第3章 不同的外汇投资交易类型 **43**

第4章 炒汇技术准备
——网上银行与投资网站 67

第5章 外汇投资软件与手机炒外汇 89

第 8 章 认识外汇分时图与 K 线图 133

第9章 K 线组合对外汇的分析 159

9.1 看涨的 K 线组合 160

9.2 看跌的 K 线组合 166

第 11 章 通过趋势线和移动平均线
分析汇市 193

第12章 利用技术指标分析汇市 211

第 13 章 外汇风险控制与规避方法 ············ 225

第 1 章

外汇投资理论入门

随着我国经济发展方式的转型，越来越多人走出国门，也有越来越多的外国资本进入国内。在这样的情况下，外汇就成为人们必须了解的一项内容，同时，外汇投资理财也在被越来越多的投资者接受。

1.1 走进外汇

不熟悉外汇的人会认为外汇就是"外国的钱"，实际上外汇作为一种金融工具，它还有很多的定义与特点。本书的第1章，就从理论的角度来讲解外汇，具体认识外汇是什么，外汇有什么特点，以及外汇有什么作用。

NO.001 个人投资者如何进行外汇投资理财

外汇，就是指货币行政当局（如中央银行、货币管理机构、外汇平准基金及财政部等）以银行存款、财政部库券、长短期政府证券的方式保有的在国际收支逆差时可以使用的债权。

人们对外汇的定义有广义上和狭义上的解释，如图1-1所示。

广义外汇	狭义外汇
广义外汇是一国拥有的一切以外币表示的资产，是指货币在各国之间的流动以及把一个国家的货币兑换成另一个国家的货币，借以清偿国际间债权、债务关系的一种专门性的经营活动。	狭义外汇是以外国货币表示，并被世界各国普遍接受的，可用于国际间债权、债务结算的各种支付手段。它必须具备三个特点：可支付性、可获得性和可兑换性。

图 1-1 广义外汇与狭义外汇

我们进行的外汇投资理财，主要是狭义外汇。另外，人们对外汇的定义还有动态外汇和静态外汇的区别，具体内容如下所示。

（1）动态外汇

动态外汇又被称为国际汇兑，就是指通过将一国货币兑换为另一国货币，用于清偿国际间债务的金融活动。

要理解动态外汇，可以看下面一个小例子。

实例分析

进出口中的外汇使用

我国加入世界贸易组织之后，对大豆一直实行比较宽松的政策。某年，我国的某进口公司从美国进口了一批大豆，双方约定以美元进行支付。

但是该进口公司的账户只有人民币，为了解决支付的问题，该公司用人民币向银行购买了足额的美元汇票，然后将此汇票邮寄给美国的出口商。美国的出口商在收到美元汇票之后，在美国的银行进行了美元兑换，最终获得美元，完成了货物交割。在这个过程中，外汇就属于动态的外汇。

（2）静态外汇

静态外汇是指外汇成为一种国际支付手段，不仅可以用于各国之间的商品交换，而且还可以参与更多的国际金融活动。根据我国的《外汇管理条例》的解释，静态外汇的具体内容如图1-2所示。

1	外国的货币，包括纸币和铸币。
2	外币有价证券，包括国债、政府证券、公司债券、各交易市场上市的公司股票。
3	外币支付凭证，包括票据、汇票、银行存款凭证、邮政储蓄凭证等。
4	特别提款权、欧洲货币单位。
5	其他有外汇价值的资产，如黄金等。

图1-2 静态外汇的具体内容

NO.002 外汇的特点

外汇作为一种国际支付手段，具有哪些特点呢？具体内容如图1-3所示。

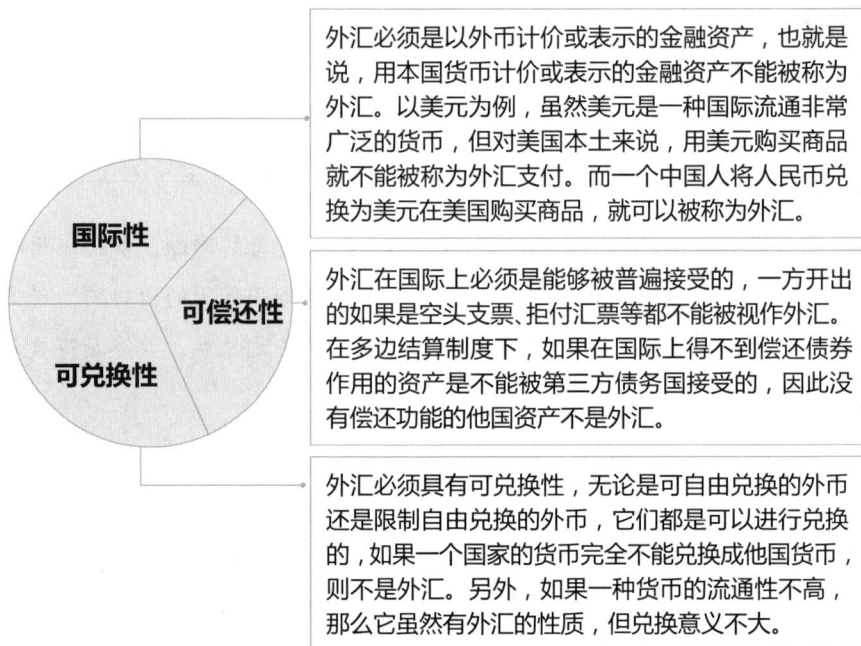

外汇必须是以外币计价或表示的金融资产，也就是说，用本国货币计价或表示的金融资产不能被称为外汇。以美元为例，虽然美元是一种国际流通非常广泛的货币，但对美国本土来说，用美元购买商品就不能被称为外汇支付。而一个中国人将人民币兑换为美元在美国购买商品，就可以被称为外汇。

外汇在国际上必须是能够被普遍接受的，一方开出的如果是空头支票、拒付汇票等都不能被视作外汇。在多边结算制度下，如果在国际上得不到偿还债券作用的资产是不能被第三方债务国接受的，因此没有偿还功能的他国资产不是外汇。

外汇必须具有可兑换性，无论是可自由兑换的外币还是限制自由兑换的外币，它们都是可以进行兑换的，如果一个国家的货币完全不能兑换成他国货币，则不是外汇。另外，如果一种货币的流通性不高，那么它虽然有外汇的性质，但兑换意义不大。

图 1-3 外汇的特点

NO.003 外汇的分类

如果要对外汇进行分类，分类的方式会比较多，具体有以下几种。

（1）按受限程度分类

各个国家对自己国家的货币以及外汇都有着非常严格的管控要求，如果按照该要求的宽松程度，可将外汇分为如表 1-1 所示的几种。

表 1-1

类型	描述
自由兑换	在国际结算中用得最多、在国际金融市场上可以自由买卖、在国际金融中可以用于偿清债权、债务并可以自由兑换其他国家货币的外汇。例如美元、加拿大元等

续表

类型	描述
限制自由	指未经货币发行国批准，不能自由兑换成其他货币或对第三国进行支付的外汇。国际货币基金组织规定凡对国际性经常往来的付款和资金转移有一定限制的货币均属于有限自由兑换货币
记账外汇	记账外汇又被称为清算外汇或双边外汇，它是指记账在双方指定银行账户上的外汇，不能兑换成其他货币，也不能对第三国进行支付。也就是说，记账外汇只允许两种外币兑换

（2）按来源和用途分类

如果按照外汇的来源和用途进行分类，可分为贸易外汇、非贸易外汇与金融外汇，具体如表1-2所示。

表1-2

类型	描述
贸易外汇	贸易外汇也被称为实物贸易外汇，指外汇来源于或用于实际性进出口贸易的，即由于国际间的商品流通所形成的一种国际支付手段
非贸易外汇	非贸易外汇是指贸易外汇以外的一切外汇，即一切非来源于或用于进出口贸易的外汇，如劳务外汇、侨胞外汇和捐赠外汇等
金融外汇	金融外汇属于一种金融资产外汇，例如银行同业间买卖的外汇，既非贸易外汇，也不是非贸易外汇，而是为了各种货币头寸的管理

理财贴士 *我国的外汇分类*

按照我国的外汇管理支付，可将外汇分为以下两种。

一种是现汇，中国《外汇管理条例》中解释的外汇均属于现汇，是可以立即作为国际结算的支付手段。

另一种是购汇，它主要是指国家批准的可以使用的外汇指标。如果想把指标换成现汇，必须按照国家外汇管理局公布的汇率牌价，用人民币在指标限额内向指定银行买进现汇，专业说法称为购汇。

NO.004 认识主要的货币

当今世界经济呈现多极化发展的格局，外币作为外汇最重要的种类在其中扮演着重要角色。下面我们就来认识一些主要的货币。

（1）美元

美元是美国的官方货币。第二次世界大战之后，美元成为世界结算货币，虽然如今美元的地位有所下降，但它依然是外汇交换中的基础货币，也是国际支付和外汇交易中的主要货币，在国际外汇市场中占有非常重要的地位。表1-3介绍了美元的基本信息。

表1-3

官方名称	美元（United States Dollar）
英文缩写/货币符号	USD/ $
发行	美国联邦储备银行
使用地区	美国
单位	美元 $ 、美分 ¢
主币	$ 1、$ 2、$ 5、$ 10、$ 20、$ 50、$ 100
辅币	1 ¢ 、5 ¢ 、10 ¢ 、25 ¢ 、50 ¢
兑换公式	$ 1=100 ¢

（2）欧元

欧元是欧盟国家使用的货币，因为集合了欧洲经济活跃的几大国家，所以在世界经济结算中也占据着十分重要的地位。欧元可在欧元区国家内自由流通。具体的特征如表1-4所示。

表1-4

官方名称	欧元（Euro）
英文缩写/货币符号	EUR/ €

续表

发行	欧洲中央银行
使用地区	欧元区
单位	欧元、欧分
主币	5 欧元、10 欧元、20 欧元、50 欧元、100 欧元、200 欧元、500 欧元
辅币	1 分、2 分、5 分、10 分、20 分、50 分、1 欧元、2 欧元
兑换公式	1 欧元 = 100 欧分

理财贴士 *欧盟与欧元区*

欧盟全称为欧洲联盟，是一个政治联盟，正式官方语言有 24 种。而欧元区则是一个经济概念，指以欧元作为支付货币的国家，使用欧元的正式国有 18 个，分别是爱尔兰、奥地利、比利时、德国、法国、芬兰、荷兰、卢森堡、葡萄牙、西班牙、希腊、意大利、斯洛文尼亚、塞浦路斯、马耳他、斯洛伐克、爱沙尼亚、拉脱维亚。许多并非欧盟成员国的国家也会使用欧元进行结算支付。

（3）人民币

随着我国经济实力的不断增长，人民币在国际货币结算中的地位也越来越强。对我国老百姓来讲，人民币不是一种外币，但一旦面临人民币与外币的兑换，人民币的基本特征就会显得非常重要，人民币的基本信息如表 1–5 所示。

表 1–5

官方名称	人民币（Chinese Yuan）
英文缩写 / 货币符号	CHY、RMB/¥
发行	中国人民银行
使用地区	中国
单位	元、角、分

续表

主币	1元、5元、10元、20元、50元、100元
辅币	1角、5角
兑换公式	1元＝10角＝100分

（4）港元

港元或称港币，是中国香港特别行政区的法定流通货币。有关港元的具体信息如表1-6所示。

表1-6

官方名称	港纸、港币（Hong Kong Dollar）
英文缩写/货币符号	HKD/HK$
发行	香港金融管理局
使用地区	中国香港、中国澳门
单位	元、分
主币	10元、20元、50元、100元、500元、1000元
辅币	5分、10分、50分、1元、2元、5元
兑换公式	1元＝100分

（5）日元

日本作为传统的经济大国，在世界贸易结算中也占有一席之地，日元作为日本的官方货币，其主要的特征如表1-7所示。

表1-7

官方名称	日元、日本银行券（Japanese Yen）
英文缩写/货币符号	JPY/￥
发行	日本银行及各地区有发行权的分行

续表

使用地区	日本
单位	元、分
主币	1 000 元、2 000 元、5 000 元、10 000 元
硬币	1 元、5 元、10 元、50 元、100 元、500 元（铸币）
兑换公式	1 日元 =100 分

注：日元没有辅币货币，只有以分为单位的标价方式

理财贴士 *人民币和日元货币符号的使用*

在官方定义中，人民币和日元的货币符号都是"￥"，但在使用过程中，为了区分人民币和日元，常常将人民币写作"RMB￥"，将日元写作"JP￥"。

（6）其他货币

除了上面介绍的主要货币之外，还有很多货币，比如我们常常接触的英镑、泰铢等，下面就简单来认识一下，具体如表1-8所示。

表1-8

发行国家	货币名称	英文缩写	货币符号
巴西	新克鲁赛罗	BRC	Gr $
韩国	韩元	WON	원
马来西亚	马元	MYR	M $
泰国	泰铢	THP	BT
印度	卢比	INS	RE
英国	英镑	GBP	£
法国	法郎	FRF	F.FR
德国	马克	DEM	DM
加拿大	加元	CAD	CAN $
澳大利亚	澳大利亚元	AUD	$ A

NO.005 分清楚现钞和现汇

在进行外汇投资之前，有两个概念是要分清楚，就是现钞和现汇。

◆ 现钞就是指由境外携入或个人持有的可自由兑换的外国货币，简单地说就是指个人所持有的外国钞票。

◆ 现汇就是指在国际金融市场上可以自由买卖，在国际上得到承认并可以自由兑换其他国家货币的外汇。

现钞和现汇一般有如图1-4所示的区别。

1　现汇账户的收入是各种汇入或转入的现汇款项，而现钞的收入则是返纳的外币现钞；如果单位交纳外币现钞入其单位的现汇账户，需经过现钞折现汇的计算；同样，如果单位从其现汇账户上提取现钞，要经过现汇折现钞的计算。

2　现汇是以外币表示的可用作国际清偿的支付手段，而现钞则单纯指外国货币。

3　一般情况下，现汇账户按照规定的利率计算利息，而单位现钞账户不计息。

图1-4　现钞和现汇的区别

NO.006 外汇的风险

当今世界，各国使用的货币不同，各国货币之间的汇率也在不断变化，这些变化会对外汇带来风险，那么我们该如何去了解一个国家的外汇风险呢？

外汇风险一般指因外汇市场变动而引起的汇率变动。在汇率变动后，再用一种外币去兑换另一种外币时，可兑换的数量可能出现增加或减少的情况，称为汇率风险。

从外汇的作用对象和表现形式上可以将外汇风险分为三大类，即经济风险、交易风险和折算风险。

（1）经济风险

经济风险一般是指因为汇率变动而引起的收益变动，是一种潜在的风险。

对于企业来说，经济风险一般包括企业具体的资产风险、金融资产风险和营业收入风险3个方面。

当一国的货币贬值时，除政治因素，从经济方面来说，可能造成出口商品的外币价格下降，从而影响出口量。同时，企业在进口相关材料用于生产加工时，本位币的成本增加，会对最终商品的制造形成压力，进而影响出口，导致国内经济发展受阻。

简单地讲，经济风险在三大类外汇风险中是最重要的。不过，目前人们对经济风险的准确计量是有一定难度的，于是企业经营者更重视对于企业外汇风险中的交易风险与折算风险的计算管理。

（2）交易风险

交易风险，简单说就是发生在外汇交易过程中的风险。当来自不同国家的投资者在进行经济活动时，会约定以某一外币作为计价的方式，但当汇率变动时，就会给交易最终的结算带来不同的影响。这种变动的可能性就是交易结算风险。

一般我们可以从以下几方面去理解企业的交易风险，如表1-9所示。

表1-9

项目	交易风险
产生时间	在一些企业劳务或商品的进出口过程中,从合同签订到货款的最终结算,外汇汇率变动都会存在风险
风险种类	延期付款、清偿债务、筹资、履行远期合同
外汇银行	当在外汇市场持有外汇头寸的空头时,汇率变动也将给会外币银行带来一定的汇率风险

任何一种风险想要完全控制都是不可能的，关键是降低风险带来的损失，对于交易风险来说也是如此。在对风险进行控制前，需要根据自身的特点，制定具体的目标，从而制定出具体的措施。

一般对于外汇交易风险的目标控制可以分为外汇损失最小化和短期收益最大化。相对来说，对交易风险的规避，从企业内部出发，一般可以通过对企业的资产负债表进行管理、选择良好的计价外币、签订协议分摊风险、订立货币保值合同、规定收付时间等方法实现。

（3）折算风险

外汇的折算风险可以称为会计风险，一般是指企业或个人在对资产负债表进行账务处理时，因为汇率的变动，反映在资产负债表中海外资产或负债增减的可能性。

这种可能性的变动就是外汇风险中的折算风险，它是一种潜在性的风险。折算风险有 3 类表现方式，分别是存量折算风险、固定资产折算风险和长期债务折算风险。其风险的大小与折算方式有一定的关系。另外，折算风险与折算的方式也存在一定的相关性，下面我们就来简单地了解一下与此相关的 4 种折算方法，如表 1-10 所示。

表 1-10

折算方法	折算风险
货币与非货币折算	该方法一般将海外分支机构的资产负债划分为货币性和非货币性资产负债。其中，资产负债按现行汇率折算，需要面临一定的折算风险；而非货币资产负债按照原始汇率进行折算，没有折算风险
现行汇率法	该方法是一种常用的折算方法，公司海外分支机构的全部资产和全部负债均按现行汇率进行折算，那么所有资产与负债都将面临折算风险
流动与非流动折算	该方法一般将海外分支机构的资产负债划分为流动资产、负债与非流动资产、负债。企业在编制资产负债表时，流动资产和流动负债根据报表编制日的现行汇率折算，具有一定的折算风险，而非流动资产与负债按照原始汇率折算，没有折算风险
时态法	该方法区别在于真实资产以何种形态出现，如果真实资产以现行市场价格表示，则按现行汇率计算，具有一定的折算风险；如果真实资产按原始成本表示，则按原始汇率折算，没有折算风险；当全部真实资产均按原始成本表示时，则和货币与非货币折算方法的风险相似

相对来说，因为经济活动的需要，外币常用于企业的支付结算，所以一些外贸公司或海外跨国公司常面临折算风险，而且风险很复杂。

这种风险主要体现在会计结算过程中，如 A 公司是一家中国对外贸易企业，商品主要销往美国，公司的总部在加拿大，当企业根据日常的经营业务以美元入账编制相关的财务报表后，那么所有入账的货币都是美元，但最终需要将美元折算成人民币。这就面临着一定的折算风险。

而当企业向加拿大总部上报业绩，递交相关的财务报表时，所有入账的货币需要以加元入账，那么就需要将所有入账的美元折算成加元，其中也面临着一定的折算风险。

1.2 外汇的表示方法——汇率

在对外汇有了一定的了解之后，还有一个问题摆在我们面前：外汇究竟用什么表示？各个国家的经济发展水平不一样，每个国家发行货币的面额也不一样，那么为了达到经济的平衡，各外汇之间用什么来表示呢？

NO.007 什么是汇率

想要体现一种货币的价值，就需要用另一种货币来表示，这其中的差异就产生了汇率。汇率是一种货币兑换另一种货币的比率，是以一种货币表示另一种货币价格的方式，也可以称为外汇价格。我们进行外汇投资理财，实际上就是对汇率涨跌的投资。如果将汇率进行分类整理，则会更好地帮助我们理解汇率是什么。

（1）按汇率变动管理

按照货币当局对汇率执行的管理机制，汇率分为如表 1-11 所示的两种。

表1-11

类型	描述
固定汇率	固定汇率是指由政府制定和公布，并且只能在一定幅度内波动的汇率
浮动汇率	由市场供求关系决定的汇率，其涨落基本自由，政府几乎不干预汇率的变化

（2）按银行的买卖

如果按照银行对外汇的买卖分类，汇率制度可分为如表1-12所示的4种，这也是银行投资外汇的重要内容。

表1-12

类型	描述
买入汇率	买入汇率也称买入价，即汇率银行向同业或客户买入外汇时所使用的汇率。买入汇率可以简单理解为买入一定数额的外汇需要支付多少的本国货币
卖出汇率	卖出汇率刚好与买入汇率相反，表示外汇银行向客户卖出一定数额的外汇可以收回多少本国货币，也称为卖出价，即银行向同业或客户卖出外汇时所使用的汇率
中间汇率	中间汇率是买入价与卖出价的平均数，一些投资机构汇率报价均采用中间汇率。其中买卖价的差额一般作为外汇银行的手续费收益
现钞汇率	一般只有将外币兑换成本国货币才能购买本国的商品，这个过程需要把外币现钞运到各发行国去。因此，银行在收兑外币现钞时的汇率和现有汇率是不同的

（3）按银行付汇方式

银行在进行付汇的时候，也会采用不同的汇率。所谓银行的付汇，就是指从外汇账户中对外支付时，经营外汇业务的银行应当根据相关的规定向他国支付外汇。

付汇一般有电汇汇率、信汇汇率和票汇汇率3种，具体如表1-13所示。

表 1-13

类型	描述
电汇汇率	当本国银行在卖出外汇后，便用电报委托国外分支机构或代理行付款给收款人所使用的一种汇率。一般来说，电汇调拨资金速度快，有利于加速国际资金周转，因此电汇在外汇交易中使用的人数最多
信汇汇率	一般指银行在卖出相应的外汇后，以信函的方式通知对方付款时采用的汇率。由于付款委托书的邮递需要一定的时间，银行在这段时间内会占用客户的资金。因此，信汇汇率比电汇汇率使用的人数少
票汇汇率	银行在卖出外汇后，会开具一张汇票，由客户自己带到国外进行兑换。票汇有短期票汇和长期票汇之分，使用也较为灵活，同样被许多人接受

（4）按外汇交易的交割时间

按照外汇交易的交割时间分类，有即期汇率与远期汇率两种，具体内容如表 1-14 所示。

表 1-14

类型	描述
即期汇率	即期汇率也被称为现汇汇率，是指买卖外汇双方成交当天或两天以内进行交割的汇率
远期汇率	远期汇率是在未来一定时期进行交割，而在交易之前由买卖双方签订合同、达成协议的汇率

NO.008 汇率的标价方式

前面讲到汇率是一种货币表示另一种货币价值的方式，那么汇率在标价的时候，一般有哪些方式呢？

（1）直接标价法

直接标价法是以一定单位如 1、100、1 000、10 000 等的外币为标准来计算应付出多少单位的本币，这就相当于将一种货币看作一种商品，另一种货币看作价格。如今大多数都采用直接标价法，在交易盘中如图1-5所示。

序号	名称	现价	涨跌	涨幅%	反汇率	开盘	振幅%	最高
1	美元指数	97.7600	-0.0717	-0.07	0.0102	97.8317	0.17	97.8970
2	欧元美元	1.1095	0.0015	0.14	0.9013	1.1082	0.19	1.1097
3	英镑美元	1.2830	0.0003	0.02	0.7794	1.2825	0.37	1.2859
4	美元日元	108.730	0.060	0.06	0.0091	108.670	0.12	108.790
5	澳元美元	0.6829	0.0006	0.09	1.4643	0.6823	0.28	0.6830
6	美元瑞郎	0.9952	0.0005	0.05	1.0048	0.9947	0.24	0.9960
7	美元加元	1.3057	-0.0001	-0.01	0.7658	1.3062	0.18	1.3078
8	纽元美元	0.6356	0.0007	0.11	1.5733	0.6353	0.28	0.6361
9	美元港元	7.8393	0.0018	0.02	0.1275	7.8376	0.04	7.8406
10	美元新元	1.3622	-0.0010	-0.07	0.7341	1.3630	0.11	1.3636
11	美元瑞典克朗	9.6813	-0.0028	-0.03	0.1032	9.6849	0.26	9.6947
12	美元卢布	63.6500	-0.2287	-0.36	0.0157	63.9226	0.74	64.0695
13	美元在岸人民币	7.0701	0.0047	0.07	0.1414	7.0614	0.27	7.0702
14	美元离岸人民币	7.0644	0.0133	0.19	0.1415	7.0603	0.28	7.0648
15	美元挪威克朗	9.2205	0.0248	0.27	0.1084	9.1953	0.57	9.2208
16	美元丹麦克朗	6.7332	-0.0084	-0.12	0.1485	6.7406	0.19	6.7444
17	美元南非兰特	14.5734	-0.0535	-0.37	0.0686	14.6101	0.71	14.6349
18	美元土耳其里拉	5.7333	-0.0405	-0.70	0.1744	5.7625	0.85	5.7764
19	美元墨西哥比索	19.0498	-0.0129	-0.07	0.0524	19.0618	0.25	19.0820
20	美元韩元	1169.8399	-1.9800	-0.17	0.0008	1175.1899	0.58	1174.1500

图1-5 汇率直接标价法

直接标价法的方式非常简单，如在上图中美元日元的价格为108.730，也就是说需要108.730日元才能购买1美元。

（2）间接标价法

间接标价法是以一定单位的本国货币为标准来计算应收若干单位的外汇货币，也就是用"外币"来表示"本币"的价格。

在间接标价法下，如果一定数额的本币能兑换的外币数量减少，表示外币升值、本币贬值，外汇汇率上涨；反之如果一定数额的本币能兑换的外币数量增加，则表示外币贬值、本币升值，外汇汇率下跌。

目前国际上采用间接标价法的货币不多，主要有欧元、英镑、澳元等。

（3）美元标价法

国际经济关系瞬息万变，人们需要用一种使用量最大的货币作为标价依据。

美元标价法是指在纽约国际金融市场上，除对英镑用直接标价法外，对其他外国货币都用间接标价法的标价方法。而如今的国际各大金融中心大多采用美元标价法。

在美元标价法下，美元的单位始终不变，美元与其他货币的比值是通过其他货币量的变化体现出来的，在图1–5中，美元在前的就可称为美元标价法。

1 美元 =1.305 7 加元

1 美元 =7.070 1 人民币

1 美元 =108.730 日元

上面就是 3 种汇率的标价方式，它们具体的特点如表 1–15 所示。

表 1–15

标价法	别称	公式	特点	表示
直接标价法	应付标价法	本币数额 / 外币数额	外币不变，本币数额增加，本币贬值	1 外币 =×× 本币
间接标价法	应收标价法	外币数额 / 本币数额	本币不变，外币数额增加，本币升值	1 本币 =×× 外币
美元标价法	纽约标价法	本币数额 / 美元数额	美元不变，本币数额增加，本币贬值	1 美元 =×× 本币

NO.009　汇率制度

确定汇率的标价方式之后，各个国家还会制定不同的汇率制度来控制汇率的变化，那么汇率制度具体有哪些呢？

（1）固定汇率制度

固定汇率是以本位货币本身确定的相关汇率的一种汇率制度，在不同的货币制度下，固定汇率制度的标准是不同的。

固定汇率并非汇率完全固定不动，而是围绕一个相对固定的平价上下限范围波动，该范围最高点称为"汇率上限"，最低点称为"汇率下限"。

在布雷顿森林体系下的汇率制度就是典型的固定汇率制度，有如下所示的特点。

◆ 汇率的决定基础是黄金平价，但货币的发行量与黄金无关。

◆ 波动幅度小，但仍超过了黄金输送点所规定的上下限。

◆ 汇率不具备自动稳定机制，汇率的波动与波幅需要人为政策来维持。

◆ 中央银行通过间接手段而非直接管理的方法来稳定汇率。

◆ 只要有必要，汇率平价和汇率波动的界限可以改变，但变动幅度有限。

一般来说，实行固定汇率制度有如图 1-6 所示的优缺点。

优点	缺点
有利于短期内经济的稳定发展，有利于国际贸易、国际信贷经济主体进行成本利润的核算，避免了汇率波动风险。	固定汇率不能发挥调节国际收支的作用；引起国际汇率制度的动荡和混乱，很容易造成金融危机。

图 1-6 固定汇率制度的优缺点

理财贴士 *什么是布雷顿森林货币体系*

布雷顿森林货币体系（Bretton Woods System）是第二次世界大战后形成的以美元为中心的国际货币体系。布雷顿森林体系以黄金为基础，以美元作为最主要的国际储备货币。美元直接与黄金挂钩，各国货币则与美元挂钩。

在布雷顿森林体系下，美元可以兑换黄金以及由各国制定各国的货币汇率，国际货币基金组织则是维持这一体系正常运转的中心机构。

浮动汇率与固定汇率是相对的，在管理上是完全相反的。在该制度下，汇率会根据市场供求关系而自由涨跌，货币当局不进行干涉。在浮动汇率下，金平价失去实际意义，官方汇率也只起某种参考作用。

浮动汇率可分为自由浮动汇率制度和有管理的浮动汇率制度两种。

◆ 自由浮动汇率制度

自由浮动汇率制度是指货币当局对外汇市场很少进行干预，汇率随市场供求关系的变化而改变。这种制度的缺点是实际汇率的大幅波动可能会造成资源配置的失衡，汇率的随机性和通货膨胀偏向较大。当前，几乎没有国家实行自由浮动汇率制度。

◆ 有管理的浮动汇率制度

有管理的浮动汇率制度则是指货币当局通过各种措施和手段对外汇市场进行干预，使汇率能向有利于本国经济发展的方向变化。

有管理的浮动汇率制度的优点是可避免汇率的不规范波动，使国内经济相对稳定；缺点是中央银行的行为有时缺乏透明度，可能会带来反面效果。

无论浮动汇率制度如何，其浮动的方式是一定的，主要有如表 1-16 所示的 4 种。

表1-16

浮动方式	描述
单独浮动	货币不与其他货币的价格相联系，完全自由变动
弹性浮动	这是浮动汇率的主体，汇率主要由市场力量（供求关系）决定
联合浮动	是一种区域汇率，成员国实行固定汇率，非成员国实行浮动汇率
钉住浮动	一国货币钉住某几种货币进行浮动

NO.010 汇率的涨跌

当用一种货币来表示另一种货币时，兑换数量的多少就是汇率的涨跌情况。下面我们以一个简单案例来进行说明。

实例分析

汇率的上涨和下跌

某外汇市场的外汇牌价在某月初和月末有如下的汇率涨跌情况。

月初：1 英镑 =1.600 2 美元

月末：1 英镑 =1.601 8 美元

以上的变化情况说明固定的英镑可以兑换更多的美元，也就是说英镑升值，汇率上涨。

另外，还可能出现如下情况。

月初：1 美元 =6.018 5 人民币

月末：1 美元 =6.002 0 人民币

在这样的情况下，固定的美元能兑换更少的人民币，美元贬值，汇率下跌。

理财贴士 *汇率之间负相关*

无论整个货币市场如何变化，在任何一组货币中，只要一种货币升值，就代表另一种货币贬值；一种货币贬值，就代表另一种货币升值。

NO.011　人民币升值带来的利弊

如今人们常听到的一个词是"人民币升值"，许多对外汇和汇率制度不了解的人会认为人民币升值对我们是利大于弊。实际上从经济学角度来看，人民币升值可能是弊大于利，更会对投资理财带来一定的影响。

从优势上来说，人民币升值对老百姓最直接的好处就是手里的钱在国际上更值钱了，我们可以更加容易地出国、留学、旅游，还可以用更加便宜的价格在国外购物等。

同时因为这一点，会产生更多的经济效应，比如更多学生选择出国留学，这会让中国拥有更多的专业性人才与技术；原本已经在中国投资的企业，会获得更加丰厚的利润，从这一点上来讲，也增加了国内人民的就业机会。

从弊端上来看，人民币升值会对国内经济发展、就业、贷款、投资理财等行业带来冲击，具体的影响如表 1-17 所示。

表1-17

影响	描述
通货膨胀	人民币升值会给各行各业带来非常大的冲击，特别是对于大型企业，可能直接导致其衰败。由于这个原因，直接加剧了通货膨胀，让国内的经济形式更加严峻，对于不出国的老百姓而言，手里的钱可能会更加不值钱
国内就业	人民币升值后，外国企业到中国投资的成本就会增加，新的投资企业可能会停滞，已有的企业规模也可能会缩小，这就会影响我们的就业；同时，由于人民币升值，来中国旅游的外国游客数量会减少，对国内的旅游业、餐饮业等会造成严重冲击，岗位需求会逐渐减少
购房压力	人民币升值造成的物价上涨，对我们普通老百姓而言最大的影响可能就是购房问题了。人民币升值造成的房价上涨与通货膨胀不同，它并不是直接的经济原因，而是由于房屋的修建成本、大型房地产公司所面临的经济危机造成的
对外贸易	对对外贸易的影响是人民币升值最大的影响之一，当人民币升值后，将提高我国出口商品的外币价格，直接削弱我国出口商品价格的竞争优势。人民币升值后，进口商品在国内的销售价格将降低，国内消费者用同样的货币可以购买更多的进口商品，不利于国内经济发展
投资理财	人民币的升值对投资理财同样会带来严重的影响，首先从外汇理财上来说，与人民币相关的汇率会直接出现贬值，给投资者带来冲击。而对于其他一些投资产品来说，市场将面临更加严峻的调整，股市很可能出现下跌

至于人民币贬值是如何影响普通老百姓生活的，下面通过一个例子进行讲解。

实例分析

人民币贬值对普通老百姓的影响

人民币贬值代表着外币相对升值，所以以外币计价的商品就会变贵。另外，大家不要以为不出国买东西就没有影响，其实在经济全球化的今天，我们用的几乎所有东西都有国外的因素。

由于中国主要的进口商品价格大幅度上涨，如大豆、天然气、石油、铁矿石等。这些东西价格上涨会导致国内几乎所有商品价格上涨。例如，如果石油和铁矿石价格上涨，基本上所有东西价格都会上涨，因为几乎所有商品都与这两样东西有直接和间接的关系。

尤其是日用品价格上涨，会导致生活成本增加，然后农民和商人所要求的利润也会增加，外国在华企业为了维持利润，也会相应提高价格，所以几乎全社会所有东西的价格都会上涨，使得国内发生严重的通货膨胀。

人民币贬值，会导致以人民币计价的商品和服务都会变得便宜，所以外国人就会更喜欢到中国来买东西，中国的劳动力价格会相对降低，商品会变得便宜，会吸引更多的游客，中国生产的东西也会更好卖。

目前，在国外留学的学生越来越多，人民币贬值对于留学生们肯定不是一个好消息，毕竟生活经费主要来源于国内家庭的支持，这意味着同样的人民币所能换取的外币比之前更少，所以留学生们要么降低生活质量，要么国内家庭提供更多的人民币。

喜欢出境旅游的朋友们，因为人民币贬值，这样就需要更多的人民币来兑换成外币在外国消费。

海淘、海外代购之所以火热，原因主要有两个，一是国内和境外海淘商品存在着不小的价差，二是国内没有这种商品，只能在国外购买，如今人民币贬值后，这种优惠会越来越小。意味着你想买到同样的东西需要比之前花费更多的人民币。

1.3 国际收支

在贸易关系中，国际收支是一项重要的内容，它虽然不和外汇直接挂钩，但了解国际收支，会对我们了解外汇有很大帮助。

NO.012　什么是国际收支

国际收支简单来说是一种统计报表，它系统地记载了在一定时期内经济主体与世界其他国家和地区的交易情况，而大部分交易在居民与非居民之间进行。国际收支一般有狭义和广义之分，具体如下。

- 狭义的国际收支指一国一定时期的外汇收支。
- 广义的国际收支指一国一定时期内全部国际经济交易的货币价值总和。

无论如何定义国际收支，它作为一份统计报表，通常被分为经常账与资本账，具体如图1-7所示。

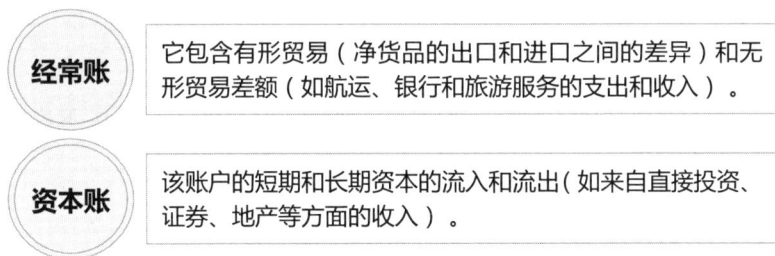

经常账	它包含有形贸易（净货品的出口和进口之间的差异）和无形贸易差额（如航运、银行和旅游服务的支出和收入）。
资本账	该账户的短期和长期资本的流入和流出（如来自直接投资、证券、地产等方面的收入）。

图1-7　经常账与资本账

NO.013　国际收支顺差

国际收支中有收入也有支出，由于数额巨大，因此很难做到收支相等。在这种情况下，就出现了收支顺差与收支逆差。

国际收支顺差也叫作国际收支盈余，即指某一国在国际收支上收入大于支出。一般来说，它会带来如下好处。

- 经常项目顺差刺激国内总需求，净出口的乘数效应扩大了经济增长的规模，促进国内经济增长。
- 国际收支顺差增加了外汇储备，增强了综合国力，吸引投资。
- 以国际收支顺差弥补财政赤字，不但有利于国民经济总量平衡，而且避免了双赤字现象。

◆ 有利于人民币汇率的稳定，并可以实施较为宽松的宏观调控政策。

◆ 增强了我国抗击经济全球化风险的能力，有助于国家经济安全。

当然，国际收支顺差也会带来一定的弊端，如图 1-8 所示。

1 国际收支顺差使得人民币升值的压力加大，国际贸易摩擦可能会增加。

2 国际收支顺差弱化了货币政策效应，降低了社会资源利用效率。

3 国际收支顺差提高了外汇储备成本，加大了资金流出。

4 国际收支顺差导致经济对外依存度过高，民族经济发展受限，出口结构难以调整。

5 国际收支顺差影响了国内金融业利率市场化进程，让资本控制更加严重。

图 1-8 国际收支顺差的弊端

NO.014 国际收支逆差

国际收支逆差也被称为国际收支赤字，是指某一国在国际收支上支出大于收入，这是大多数国家在发展过程中都会遇到的问题。

国际收支逆差所带来的影响，在利弊上和收支顺差完全相反。一般来说，国际收支逆差会导致本国外汇市场上外汇供给减少，需求增加，使得外汇的汇率上涨，本币的汇率下跌。

但是如果该国政府采取措施干预，选择抛售外币，买进本币，那么政府手中将没有足够的外汇储备，这又会进一步导致本币贬值。

因此政府的干预将直接引起本国货币供应量的减少，而货币供应量的减少又将引起国内利率水平的上升从而导致经济下滑，失业率增加。

NO.015 国际收支与外汇

国际收支会直接影响汇率的变动，也会改变本国的货币政策。而外汇常常被用作调整国际收支的重要工具之一。一个国家调整国际收支，一般有如表1-18所示的5点内容。

表1-18

内容	描述
财政政策	当一国出现国际收支顺差时，政府可以通过扩张性财政政策促使国际收支平衡
货币政策	一国政府可通过调整货币供应量实现对国民经济需求管理的政策，从而平衡国际收支
汇率政策	汇率政策指通过调整本币汇率来调节国际收支的政策，如收支逆差时可实行货币贬值
直接管理政策	直接管理政策指政府直接干预对外经济往来实现国际收支调节的政策措施
协调政策	各国政府调节国际收支都以本国利益为出发点，为了达到平衡，各国之间会进行协商

1.4 了解外汇投资专用术语

与我们买卖股票债券相似，要想了解外汇，并在外汇市场走得顺畅，那么对外汇专业术语的了解是必不可少的。外汇术语简单来说就是外汇市场中的专用术语，下面我们就对其进行讲解。具体如表1-19所示。

表1-19

术语	说明
调节	一般指一种官方行为，政府通过汇率进行的纠正收支不平衡的行为

续表

术语	说明
最优价格	一般指系统发出的按照最优的汇率进行买卖的交易指令
更好的价格	系统发出的按某一特定汇率或更优的汇率进行买卖的交易指令
资产	指资产负债表中的资产或未平仓的远期交易，另外也指在外汇交易市场，从交易对手中收到一定量的货币权利
卖价	一般指投资者购买一种货币时的标价，如同购买衣服的标价一样，也称为卖出汇率
增值	指某一国家的货币因市场需求，政府提高相应的价格时，使得货币增值的现象
篮子	指的是一组货币，主要用于管理货币的汇率
套利	简单来说就是一种获取差价的行为，投资者对同时投资两个市场做出完全相同的反向操作，如在一个市场买入，在另一个市场卖出，通过差价获取收益
大数	一般指汇率的头几位数字，如美元／日元汇率是107.30/107.35，口头只报"30/35"
买价	是购买者为购买一种外币所需支付的价格
熊市	熊市，也称空头市场，指行情普遍看淡，延续时间相对较长的大跌市
经纪人	指接受客户委托买卖的代理人，外汇市场的经纪人和股票经纪人相似，通过外汇买卖代理活动收取一定的佣金
牛市	牛市，也称多头市场，指市场行情普遍看涨，延续时间较长的大升市
本位币	本位币是一国货币相对于另一国货币而言的，在外汇交易中，以一种货币兑换另一种货币的形式报价，如美元／加元，美元就是本位币
柱状图	指将与汇市有关的行情通过图形的方式表示，如高价和低价绘出了垂直的柱形，开盘价用柱形左边的一条较短的水平线标出，收盘价用柱形右边的一条较短的水平线标出
图形分析师	在汇市中，对相关的历史数据通过图形或图表的形式进行分析，最终发现趋势并预测趋势的技术分析人员
持有	指持有融资证券或其他金融工具，需要支付一定的利息成本
平仓	指通过买卖一定量的货币，用来抵消已建仓的相等量的货币

续表

术语	说明
清算	指对外汇交易进行最终结算的过程
中央银行	它是一国银行的主体，能控制一个国家的货币政策的银行，也是本国钞票的发行银行，并对外汇进行控制
当日指令和当日交易	当日指令是指令在当日收盘前有效。当日交易指在一个交易日内进行建仓并平仓
衍生品	指由一种金融产品衍生出的金融产品。期权就是最常见的金融衍生工具
短线交易者	指在外汇市场，以短期价格的较小移动作为基础进行外汇买卖的交易者
日间交易	指在一个交易日内持有外币，同时在当天平掉交易头寸的一种交易类型
实际汇率	在名义汇率的基础上剔除了通货膨胀因素后的汇率
EDI、EFT、ECB	EDI 指电子数据交换，EFT 指与资金电子转账相关的支付，ECB 指新的欧洲货币联盟的中央银行
执行	指系统完成一个指令或一笔交易的过程
外汇交易	在外汇市场，不同的货币进行买卖交换的过程
远期合约	交易时间不在现在，并约定汇率的一种外汇合约
远期汇率	一般指在未来交割，但是约定使用现在的汇率
G7	指美国、德国、日本、法国、英国、加拿大、意大利 7 大主要工业国
GDP	一般指在一国境内的产出、收入、支出的全部价值
做空	是一种放空行为，指卖出手中持有的货币或其他金融工具
做多	是指投机性的买入操作
金本位	指黄金的价格相对于货币固定，当增加黄金的供给时，非但不会导致黄金价格的下降，反而会引起汇率的上涨
对冲	指降低主要头寸风险的反向头寸或组合头寸
买价卖出	指交易者同意以其他交易对手的最高买价卖出
隐含利率	指由即期利率和远期利率的差额确定的利率

续表

术语	说明
利率平价	当两种货币的汇率被远期汇率差额抹平时，这两种货币就处于利率平价
利率掉期	转换利率风险敞口，从浮动利率调整为固定利率或者相反方向的协议
利率套利	通过买入即期和卖出远期转换成其他货币，最终获得高利息收益的行为
世界银行	由国际货币基金组织成员组成的银行
承销商	一般指头寸的卖方，也可简单认为是交易的发起人
收益曲线	指收益率随着距离到期时间的变化而变化的曲线图

第 **2** 章

认识外汇市场

任何一种商品都有其交易的场所，外汇也一样，外汇的交易场所就是外汇市场。那么外汇市场到底是一个怎样的市场呢？进入该市场有没有限制？外汇市场的行情分析该如何进行？个人如何在外汇市场进行外汇买卖呢？这些都是我们投资外汇前需要关注的问题，下面我们就来寻找这些问题的答案。

2.1 外汇市场概述

外汇虽然不像股票、期货那样需要在固定的交易场所进行交易，但因为会发生外汇的交换，所以需要有交易的场所。而外汇市场正是提供外汇交易业务的综合市场。

NO.001　外汇市场的分类

从组织形态上分，可以将外汇市场划分为抽象的市场和有形的市场，具体如表 2-1 所示。

表 2-1

项目	抽象的市场	有形的市场
形成依据	无固定交易场所	有固定交易场所
含义	指外汇交易没有固定的场所和时间	有固定的交易场所和交易时间，如外汇交易所和各大银行
特点	外汇的交易时间和地点不固定，交易主要通过网络完成	外汇的交易时间和地点固定，交易场所通常是金融中心所在地

此外，根据外汇市场是否受到控制又可以划分为自由外汇市场、官方外汇市场、官方控制的自由外汇市场，具体如表 2-2 所示。

表 2-2

项目	自由外汇市场	官方外汇市场	官方控制的自由外汇市场
形成依据	不受政府控制	受到政府控制	受到政府控制的程度
含义	指不受政府控制的外汇交易市场	指外汇市场受到政府完全控制	政府在一定程度上对外汇市场进行控制
市场参与者	所有的银行和其他金融机构	只允许持有政府许可证的银行和其他金融机构	政府许可证的银行和其他金融机构

续表

项目	自由外汇市场	官方外汇市场	官方控制的自由外汇市场
交易限制	交易金额、汇率、币种、资金无限制，由市场决定	货币当局规定交易品种，同时规定最大限度的交易额	交易货币的种类和汇率由市场供求决定，国家对交易银行的最低资本额、每笔最大交易金额进行限制
实行国家	大部分国家	发展中国家	发达国家和发展中国家
汇率	采用市场汇率	采用官方汇率	根据国情决定，一般采用两者的结合

NO.002　外汇市场的特点

外汇市场具有自身的特点，主要表现在交易时间、交易成本、交易方式、交易地点、高流动性 5 个方面，具体如表 2-3 所示。

表 2-3

项目	特点
交易时间	与其他投资市场不同，虽然不同国家间存在时差，但外汇市场是一个 24 小时交易的市场，所以投资参与外汇市场不受时间、地点的限制
交易成本	外汇交易与股市交易不同，不收取任何的佣金或手续费，一般会设置点差作为交易的成本，相对于其他金融投资来说，成本较低
交易方式	外汇市场实行的是 T+0 交易制度，交易者能在当日自由买进或卖出，可随时兑现，相对来说交易自由度更高，而且外汇没有涨停板限制
交易地点	外汇买卖一般没有固定统一的操作市场，主要通过网络进行，对于交易商也没有严格的限制
高流动性	外汇市场的参与主体是全世界的个体或集团，外汇市场现在成为全世界最大、资本流动性最高的金融市场之一

NO.003 外汇市场的作用

任何一种市场都有其存在的价值，如股票市场，它最大的作用就在于可以给人们提供一个股票交易的平台。而外汇市场，它的作用主要体现在国际清算、套期保值、投机、授信4大方面。下面我们就来了解这4点内容，具体如图2-1所示。

国际清算　外汇最基本的作用就是作为国际间经济往来的一种支付手段和清算手段，所以提供国际清算是外汇市场最基础的职能与作用。

在期货市场进行外汇买卖，主要是为了在一定程度上降低外汇风险，目的不在于在期货市场获得价差收益，而是为了减少未来汇率变动时，可能带来的外汇损失，一般大额进口商常会采用该种方法。　**套期保值**

投机　与在股票市场上的投机炒作类似，股票投机是通过股价的上下变动获取差价收益，外汇市场的投机操作的对象是汇率，利用不同外汇市场的汇率波动进行获利。

授信主要表现为一些进口商在向银行贷款时，可以在一些经营外汇业务的银行，根据外汇收支的时间差向银行争取贷款。　**授信**

图 2-1　外汇市场的 4 大作用

NO.004　外汇市场的交易层次

外汇在发生兑换或交易时，往往是无法单方面进行的，如今的外汇交易一般有表 2-4 所示的 3 个交易层次。

表2-4

具体层次	描述
银行和银行客户	银行和银行客户之间的外汇交易代表了外汇的最终供给者和最终使用者，银行是外汇供给的最后一环，而银行客户是外汇的直接使用人。银行客户在银行买入外汇后，能够从中赚取价差，不过这类交易数额往往较小
银行与银行	银行与银行之间的外汇交易是整个外汇市场中最大的，占总交易额的90%，它往往可以决定外汇的价格走势。本国的银行之间、本国银行与境外银行之间都会发生外汇交易，因为总量较大，又被称为批发外汇
中央银行与各银行	中央银行是一个国家的货币发行者与银行监管方，因此它和各银行之间的外汇交易层次并不是传统意义上的交易，而是通过经济政策调整外汇的供求量。另外，中央银行与外汇银行之间是会发生买卖交易的

2.2 外汇市场的主体和工具

在股票市场中有股民、证券商、交易所等股市参与者的存在，在外汇市场，同样由外汇的参与者构成了外汇市场的主体，他们以各种方式参与外汇投资，以不同的参与方式构成市场工具。下面我们就来简单认识一下外汇市场有哪些主体与工具。

NO.005　外汇市场的主体

外汇市场的主体，简单来说就是外汇市场中的参与者，一般包括外汇银行、外汇银行的客户、外汇经纪商、各国的中央银行，具体如图2-2所示。

外汇银行

外汇银行又可以称为外汇指定银行，是指根据《外汇法》，由中央银行指定可以经营外汇业务的商业银行或一些其他金融机构，中国的外汇指定银行包括全国性的股份制商业银行及具有外汇经营资格的外资银行在华的分支机构。

外汇银行的客户

指外汇银行服务的与外汇业务相关的法人或个人，在外汇市场中，凡与外汇银行有外汇交易关系的公司和个人，都是外汇银行的供应者、需求者与投机者。随着我国综合国力不断增加以及国际地位的不断提高，我国的个人客户在外汇交易中的数量和地位也逐步提高。

外汇经纪商

外汇经纪商介于个人与外汇银行或外汇银行和其他外汇市场参与者之间，他们是对外汇进行买卖，并从中赚取佣金的经纪公司或个人。我国外汇市场上外汇经纪商的角色已经初步显现。

各国的中央银行

各国的中央银行是国家的核心银行，是政府单位，都持有相当数量的外汇作为国际储备。随着中国外汇储备的增加，中国人民银行在中国外汇市场的作用日益突出。大量的外汇储备成为中央银行干预外汇市场的一种重要保证。

图 2-2 外汇市场的主体

NO.006 外汇市场的工具

外汇市场的工具，简单来说就是外汇市场主体参与市场的方式，一般包括即期交易、远期交易、掉期交易、外汇期货交易、外汇期权交易等。具体如图2-3所示。

即期交易	一般指外汇交易的双方以交易时的汇率价格成交，并且在成交后两个营业日内办理有关货币收付交割的外汇交易，交割时间较短，外汇风险也较小。
远期交易	外汇远期交易是指外汇交易的双方在买卖成交后，双方先签订合同，对交易的币种、数额、汇率、交割的时间等进行约定，并约定在未来某一时间进行交易。
掉期交易	掉期交易是指同时买进和卖出相同金额的某种外汇，但买卖期限和交割期限不一定相同的一种外汇交易方式。
外汇期货交易	外汇期货交易是指期货交易所指定的一种期货标准化合约，规定在将来的某一指定月份进行外汇交割的交易方式。
外汇期权交易	外汇期权一般指的是投资者以一定的费用获得在某段时间内拥有买进或卖出某种外汇权利的一种合约。合约的卖方可以在期权到期日之前按合同约定的汇率买进或卖出约定数量的外汇，但也可以不执行这个权利。

图 2-3 外汇市场的工具

因为我国外汇市场存在机制不成熟和风险控制不完善的问题，所以我国外汇市场的交易工具目前还只有外汇即期交易，对于远期交易、掉期交易、期货交易、期权交易还不能进行。但相信随着国内外汇交易的不断发展，所有外汇工具都将能在我国的外汇市场使用。

2.3 世界各国的外汇市场

通过前面的内容我们了解了什么是外汇市场，下面就详细走进每一个市场来看看它们各自的特色。

NO.007 世界的外汇市场概述

随着经济全球化的不断发展，目前世界上有 30 多个大型的国际外汇市场，其中最重要的有纽约外汇市场、伦敦外汇市场、苏黎世外汇市场、东京外汇市场和中国香港外汇市场等。

理财贴士 *世界的外汇市场该如何相连*

严格意义的外汇市场最早兴起于欧洲等传统经济强国，随着亚太地区的中国香港、新加坡等外汇市场的崛起，世界外汇市场的雏形开始形成。伴随着经济发展，需要不断地进行外汇交易，因此人们将不同的外汇市场整合起来，形成了今天所谓的全球外汇市场。

每个外汇市场都有各自的特点，但是也有共性。虽然世界的外汇市场相互独立并处在一个竞争的环境中，但每一个市场的变动都牵动着其他市场，因此当一个市场休市之后，下一个市场会立刻接着上一个市场的走势运行。

我们知道不同的外汇市场从开市到休市会形成连续的整体。下面我们就详细来看看这样的联系，以英国的格林尼治时间为标准，具体如图 2-4 所示。

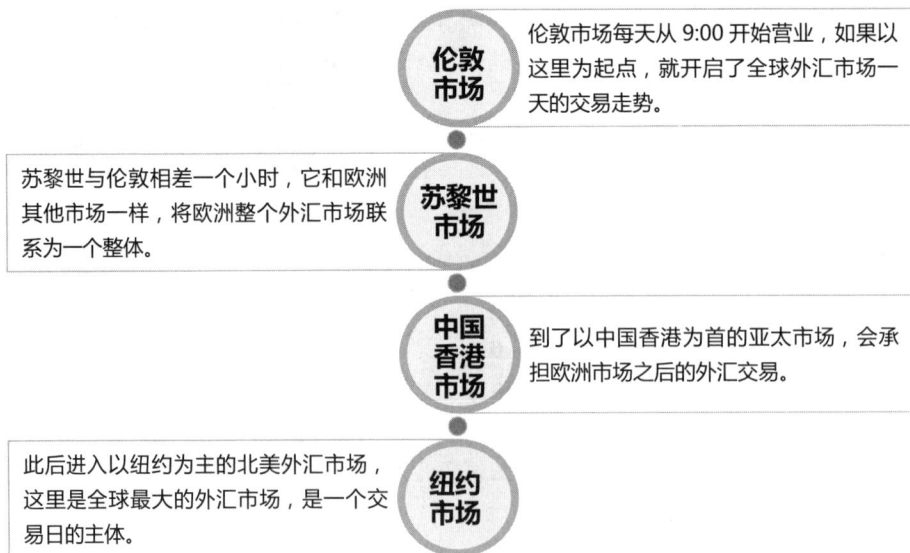

伦敦市场：伦敦市场每天从 9:00 开始营业，如果以这里为起点，就开启了全球外汇市场一天的交易走势。

苏黎世市场：苏黎世与伦敦相差一个小时，它和欧洲其他市场一样，将欧洲整个外汇市场联系为一个整体。

中国香港市场：到了以中国香港为首的亚太市场，会承担欧洲市场之后的外汇交易。

纽约市场：此后进入以纽约为主的北美外汇市场，这里是全球最大的外汇市场，是一个交易日的主体。

图 2-4 主要外汇市场的时间联系

NO.008　认识世界主要的外汇市场

从全球的角度认识外汇市场之后，下面我们就来详细了解主要的外汇市场。

（1）美国外汇市场

美国的外汇市场是全球最大的外汇市场，主要有如表 2-5 所示的特点。

表 2-5

主要市场	纽约、芝加哥、旧金山、洛杉矶、波士顿、费城
主要交易币种	美元、欧元、英镑、瑞士法郎等
服务区域	美国本土及北美地区
交易时间	20:20 ～ 03:00（北京时间）
特点	美国的外汇交易不受限制，目前纽约外汇市场主要包括 180 多家美国商业银行，200 多家外国银行在纽约的分支机构、代理行以及代表处。同时，纽约是世界美元交易的清算中心，承担着国际结算和资本流动的主要结算任务

（2）英国外汇市场

英国外汇市场是历史最悠久的外汇交易市场，因为英镑和欧元为大交易品种，英国外汇市场的交易量也名列前茅，具体内容如表 2-6 所示。

表 2-6

主要市场	伦敦外汇市场
主要交易币种	英镑、欧元、瑞士法郎、德国马克、美元等
服务区域	英国
交易时间	15:30 ～ 23:30（北京时间）
特点	伦敦外汇市场是无形外汇市场，完全通过电话、电报或网络完成模拟外汇，有 250 多家外汇指定银行，90 多家外汇经纪商，其中有些经纪商还在中国香港和新加坡设有分支机构。由于伦敦外汇市场交易类型齐全，交易结构完备，长期以来位居世界各大外汇市场前列

（3）日本外汇市场

历史上日本曾是实行外汇严格管制的国家，但随着日本外汇政策的放松，东京外汇市场已经成为一个新兴的主要国际外汇市场，在亚太地区有着非常大的影响力，其主要特征如表2-7所示。

表2-7

主要市场	东京、大阪外汇市场
主要交易币种	日元、美元
服务区域	日本
交易时间	08:00 ~ 15:30（北京时间）
特点	日本曾经是世界第三大外汇交易中心，随着日本经济衰退，外汇购买和套期保值的外汇买卖日趋萎缩，导致外汇市场对顾客包括企业法人、进出口商社、人寿财产保险公司、投资信托公司、信托银行等的交易比例下降

（4）中国香港外汇市场

中国香港外汇市场是在20世纪70年代发展起来的新兴外汇市场，凭借中国香港地区金融业的迅猛发展，目前已经成为世界第五大外汇交易中心。其主要特征如表2-8所示。

表2-8

主要市场	中国香港外汇市场
主要交易币种	美元、人民币、日元、欧元、英镑、加元
服务区域	中国香港、中国澳门
交易时间	09:00 ~ 16:00（北京时间）
特点	中国香港外汇市场是一个无形市场，没有固定的交易场所，参与者主要是商业银行和财务公司，比较有特色的一点是：中国香港外汇市场的外汇经纪人有3类，当地经纪人、国际经纪人和中国香港地区本地成长起来的国际经纪人

NO.009　外汇储备大战

外汇储备又被称为外汇存底，指一国政府所持有的国际储备资产中的外汇部分，是一国政府保有的以外币表示的债权。

一般来说，外汇储备是一国进行经济调节、实现内外平衡的重要手段，不仅可以增强宏观调控的能力，而且有利于维护国家和企业在国际上的信誉，有助于拓展国际贸易、吸引外国投资、降低国内企业融资成本、防范和化解国际金融风险。

外汇储备的主要职能如下所示。

◆　调节国际收支，保证对外支付。

◆　干预外汇市场，稳定本币汇率。

◆　维护国际信誉，提高融资能力。

◆　增强综合国力，抵抗金融风险。

下面我们通过表 2-9 来看看 2018 年的外汇储备量排名。

表 2-9

排名	国家或地区	外汇储备（亿美元）
1	中国	31 620
2	日本	12 500
3	瑞士	7 857
4	沙特阿拉伯	4 866
5	中国香港	4 375
6	印度	3 972
7	韩国	3 853
8	巴西	3 583
9	俄罗斯	3 565
10	新加坡	2 798

2.4 我国的外汇市场

我国改革开放以来的经济发展时间较短，外汇市场的开放程度也比较低，1994年，我国对外汇管理体制进行了改革，这让国内的外汇交易市场更为科学。

NO.010 我国外汇市场的交易要点

首先我们从表2-10来看看我国外汇市场的特点。

表2-10

主要市场	中国外汇市场
主要交易币种	人民币、美元、港币、欧元
服务区域	中国
交易时间	07:00 ～ 19:00
特点	我国的外汇市场是一个起步较晚的国际性外汇市场，目前有着非常巨大的市场潜力。外汇市场的参与者主要是中国人民银行、外汇银行、外汇经纪人、个人投资者。我国的外汇市场受政府监管力度较强

我国的外汇市场从交易上来说有如表2-11所示的几项要点。

表2-11

要点	说明
交易模式	我国的外汇市场实行做市商报价驱动的竞价交易模式，由做市商报出某个货币的买卖价格，交易系统从中选择最优的价格进行发布。同时在交易渠道上也采用网络为主的有市无场交易
汇率规定	决定汇率的基础是外汇市场自身的基本面，中国人民银行每天会规定基本的汇率，银行会在0.25%的浮动范围内进行汇率挂牌。同时，中国人民银行对汇率进行调控和监管
交易货币	我国推出"货对货"的即期外汇交易方式，目前为止，我国外汇市场的开放程度已经很高了，可进行美元、欧元、日元、韩元、英镑等绝大多数外币的交易

续表

要点	说明
清算制度	我国的外汇交易实行"集中""差额"的资金清算制度,集中是指做市商以外汇交易中心进行集中的交易;差额是指按同一币种、同一起息日对交易金额的净差额进行清算
交易主体	我国外汇市场的主体分为做市商和会员银行,一般的参与者包括外汇指定银行、客户、中央银行以及外汇经纪人和经纪商。其中会采用和期货类似的会员交易模式
报价方式	我国的外汇业务采用 3 种报价方式,分别是点击报价、资讯报价和订单报价
限额管理	为了提高交易效率,外汇交易实行限额管理,会员银行最小的报价金额为 10 万美元或等额外币。另外,交易系统设置了流动性限额为 1 000 万美元或等额外币

NO.011　了解我国外汇市场存在的不足

我国的外汇市场起步较晚,而且它是一个封闭的、以银行间市场为中心同时外汇交易的诸多方面受到政府管制的市场体系,因此在发展过程中难免存在些许的不足,这些都是外汇投资者需要了解的。下面列举一些比较明显的不足供投资者了解,具体如表 2-12 所示。

表 2-12

缺陷	说明
妨碍选择	我国的外汇场内交易制度强迫外汇银行必须在交易所竞价撮合,交易对象限定于交易所会员。这妨碍了市场参与者自由选择的权利
无连续性	进行单一的场内交易,没有多市场的连续,银行间外汇市场受到交易所营业时间和交易对手的限制,无法保证外汇交易的连续进行,不利于稳定市场预期
范围狭窄	我国外汇交易中心实行会员制,各家银行及其分支机构必须在交易中心和分中心申请交易席位才能进场交易,这就造成了市场参与主体数量少、结构简单、竞争性不强

续表

缺陷	说明
费用较高	我国外汇交易中心成为银行间外汇市场上的垄断性中介组织，因此场内市场的组织费用较高
市场干预	在我国，中央银行取代了外汇银行成为外汇市场的真正监管者，使外汇指定银行系统内宏观调控的难度增大，因此市场的活力变得较小
方式限制	在我国进行外汇交易的方式是有所限制的，如我国明文禁止外汇保证金交易，但目前市场上依然有外汇保证金

第 **3** 章

不同的外汇投资交易类型

通过前面两章的内容我们已经对外汇及外汇市场的基础理论有了较多的了解。接下来我们就可以正式走进外汇的交易市场了。如今的外汇交易方式非常多，下面就一起来了解它们。

3.1 外汇实盘交易

在外汇交易中，有一种最直接的外汇交易方式，投资者往往进行简单的买卖操作就可以完成外汇实盘的买卖，这就是外汇实盘。

NO.001 什么是外汇实盘

所谓外汇实盘，就是直接进行外汇的低买高卖，目前国内许多银行都有个人外汇实盘交易业务。要了解外汇实盘，需要了解如图 3-1 所示的 5 个概念。

外汇实盘

投资者通过银行、外汇投资者机构等，将自己持有的某国货币兑换成另一国货币的交易。不能先行交易，必须拥有足额的货币才能进行交易。

直盘

外汇直盘指在外汇交易中，以美元为基础货币，将美元用于和另一种货币进行兑换的交易，如美元兑换人民币。

交叉盘

所谓交叉盘，就是以美元作为间接货币，为美元之外的两种货币进行直接交易，如人民币兑换欧元。

实物外汇

实物外汇并不是通过账户进行投资，而是实际拿在手中的钱，它既是一种资产，也是一种投资方式。

外汇储蓄

外汇储蓄是一种储蓄业务，是以获取利息为目的。而外汇实盘则是以价格波动来获利。

图 3-1 与外汇实盘有关的概念

NO.002　外汇实盘的交易

要了解外汇实盘，就需要对外汇实盘的币种、交易时间、交易方式等内容进行详细了解，具体如下。

（1）外汇实盘的币种

在外汇实盘中，可以进行交易的币种有很多，目前是以直盘和交叉盘的形式对其进行分类的。另外，在个人实盘外汇买卖中，当进行英镑、澳元和欧元兑美元的报价时，英镑、澳元和欧元是基准货币；在进行其余的货币兑美元的报价时，美元则是基准货币。

（2）外汇实盘的交易时间

外汇实盘的交易时间是比较灵活的，具体有以下 4 个要点。

◆ 投资者进行柜面交易或自助交易，交易时间仅限银行正常工作日的工作时间，一般为工作日的 9:00 ～ 17:00。

◆ 客户进行电话交易，交易时间将适当延长，一般为工作日的 8:30~21:00。

◆ 如果进行网上交易，则实行 24 小时交易。

◆ 公休日、法定节假日及国际市场休市均不办理此项业务。

（3）外汇实盘的投资门槛

做个人实盘外汇买卖的投资者通过柜台进行交易，最低金额一般为 100 美元；电话交易、自助交易的最低金额略有提高，没有最高限额。为了吸引更多的投资，一些商业银行放低了投资门槛，最低金额有的在 50 美元甚至更低的水平。

（4）外汇实盘的标价

在进行外汇收盘交易时，最重要的就是看清外汇的标价，一般来说，外汇实盘采用直接标价的方式。在查看价格的时候，需要对买入价、卖出价、最新价、最高价、最低价等内容有明确了解，才能在外汇实盘中找到获利机会。

图 3-2 中就显示了外汇实盘直盘的标价方式。

序号	名称	现价	涨跌	涨幅%	反汇率	开盘	振幅%	最高
1	美元指数	97.2632	-0.2021	-0.21	0.0102	97.4655	0.25	97.4809
2	欧元美元	1.1169	0.0018	0.16	0.8953	1.1151	0.24	1.1176
3	英镑美元	1.2944	0.0042	0.33	0.7725	1.2902	0.47	1.2955
4	美元日元	108.300	-0.550	-0.51	0.0092	108.850	0.62	108.900
5	澳元美元	0.6898	-0.0005	-0.07	1.4496	0.6903	0.61	0.6930
6	美元瑞郎	0.9866	-0.0028	-0.28	1.0135	0.9894	0.32	0.9895
7	美元加元	1.3171	0.0012	0.09	0.7592	1.3159	0.22	1.3178
8	纽元美元	0.6402	0.0013	0.20	1.5620	0.6389	0.75	0.6433
9	美元港元	7.8365	-0.0040	-0.05	0.1276	7.8405	0.09	7.8411
10	美元新元	1.3612	-0.0009	-0.07	0.7346	1.3621	0.22	1.3627
11	美元瑞典克朗	9.6462	-0.0119	-0.12	0.1036	9.6580	0.43	9.6609
12	美元卢布	63.9980	0.2258	0.35	0.0156	63.7236	0.55	64.0494
13	美元在岸人民币	7.0433	-0.0120	-0.17	0.1419	7.0492	0.33	7.0520
14	美元离岸人民币	7.0480	0.0016	0.02	0.1418	7.0464	0.35	7.0540
15	美元挪威克朗	9.1923	0.0113	0.12	0.1087	9.1810	0.51	9.2047
16	美元丹麦克朗	6.6885	-0.0119	-0.18	0.1495	6.7004	0.25	6.7013
17	美元南非兰特	15.1246	0.1176	0.78	0.0661	15.0070	1.55	15.1836
18	美元土耳其里拉	5.7067	0.0056	0.10	0.1752	5.7011	0.42	5.7214

直盘　交叉盘　欧元　英镑　日元　澳元　瑞郎　加元　纽元　其他美元货币　人民币汇率中间价　虚拟货币

图 3-2　外汇实盘直盘

图 3-3 显示了外汇实盘交叉盘的报价。

序号	名称	现价	涨跌	涨幅%	反汇率	开盘	振幅%	最高
1	欧元加元	1.4711	0.0038	0.26	0.6797	1.4673	0.33	1.4720
2	欧元澳元	1.6190	0.0037	0.23	0.6176	1.6152	0.59	1.6208
3	欧元瑞郎	1.1019	-0.0014	-0.13	0.9075	1.1033	0.23	1.1036
4	欧元日元	120.9700	-0.4000	-0.33	0.0082	121.3700	0.53	121.4700
5	欧元英镑	0.8627	-0.0016	-0.19	1.1591	0.8642	0.32	0.8646
6	欧元人民币	7.8660	0.0189	0.24	0.1271	7.8786	0.37	7.8787
7	欧元纽元	1.7446	-0.0011	-0.06	0.5731	1.7457	0.60	1.7467
8	英镑纽元	2.0223	0.0027	0.13	0.4944	2.0197	0.68	2.0243
9	英镑澳元	1.8768	0.0080	0.43	0.5328	1.8688	0.70	1.8781
10	英镑瑞郎	1.2773	0.0010	0.08	0.7829	1.2763	0.34	1.2793
11	英镑日元	140.2210	-0.2240	-0.16	0.0071	140.4560	0.48	140.6900
12	英镑加元	1.7053	0.0077	0.45	0.5864	1.6976	0.56	1.7068
13	英镑人民币	9.1171	0.0326	0.36	0.1096	9.1166	0.35	9.1230
14	加元日元	82.2270	-0.4960	-0.60	0.0121	82.7230	0.70	82.7350
15	加元瑞郎	0.7491	-0.0029	-0.39	1.3349	0.7520	0.47	0.7520
16	加元人民币	5.3468	-0.0095	-0.18	0.1870	5.3593	0.41	5.3600
17	纽元瑞郎	0.6317	-0.0003	-0.05	1.5830	0.6321	0.68	0.6349
18	纽元日元	69.3390	-0.1900	-0.27	0.0144	69.5290	0.99	69.8990

直盘　交叉盘　欧元　英镑　日元　澳元　瑞郎　加元　纽元　其他美元货币　人民币汇率中间价　虚拟货币

图 3-3　外汇实盘交叉盘

NO.003　外汇实盘的报价、指令、交易清算

除了上面介绍的4点交易要点外，外汇实盘还有报价、指令与清算制度等在

交易中需要重点了解，具体如下。

（1）外汇实盘的报价

外汇实盘是一种较为简单的外汇投资，那么它的价格是如何产生的呢？

◆ 银行在制定外汇实盘价格的时候，会根据国际外汇市场行情给出报价，而个人外汇买卖的价格是由基准价格和买卖价差两部分构成。

◆ 买价为基准价格减去买卖差价，卖价为基准价格加上买卖价差。实盘外汇的价格经常处于剧烈的波动之中。

（2）外汇实盘的交易指令

外汇实盘的交易指令有市价交易和委托交易两种，具体如图3-4所示。

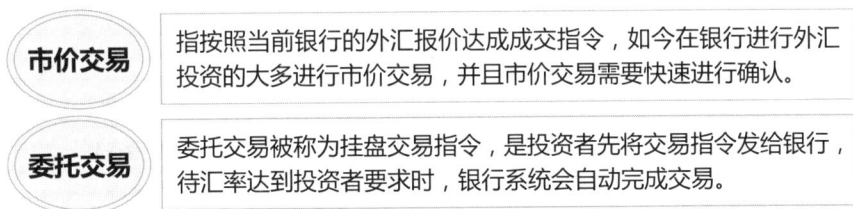

市价交易	指按照当前银行的外汇报价达成成交指令，如今在银行进行外汇投资的大多进行市价交易，并且市价交易需要快速进行确认。
委托交易	委托交易被称为挂盘交易指令，是投资者先将交易指令发给银行，待汇率达到投资者要求时，银行系统会自动完成交易。

图 3-4 外汇实盘的交易指令

（3）外汇实盘的交易清算制度

外汇实盘实行"T+0"的交易方式。投资者进行电话交易或自主交易时，完成一笔交易之后，银行电脑系统立即自动完成资金交割。也就是说，如果行情动荡，投资者可以在一天内多次进出市场。另外，根据国际外汇市场惯例，外汇交易一旦成交，汇价水平、交易金额、交易币种等细节已经确定，就不可以进行撤销。

理财贴士 *什么是T+0*

在证券、期货、外汇等交易中，有"T+0"与"T+1"等交易制度，这分别是什么意思呢？所谓"T+0"，通俗来说就是当天买入的证券（或期货）在当天就可以卖出；而"T+1"就是指当日买进的证券（或期货），要到下一个交易日才能卖出。

NO.004 外汇实盘存在的风险

外汇实盘交易中，因为是直接的"低买高卖"，无法采取套汇、套利等操作，所以面临的价格风险更为直接，证券任何价格波动都可能出现损失。除了价格风险，外汇实盘还有如图 3-5 所示的风险。

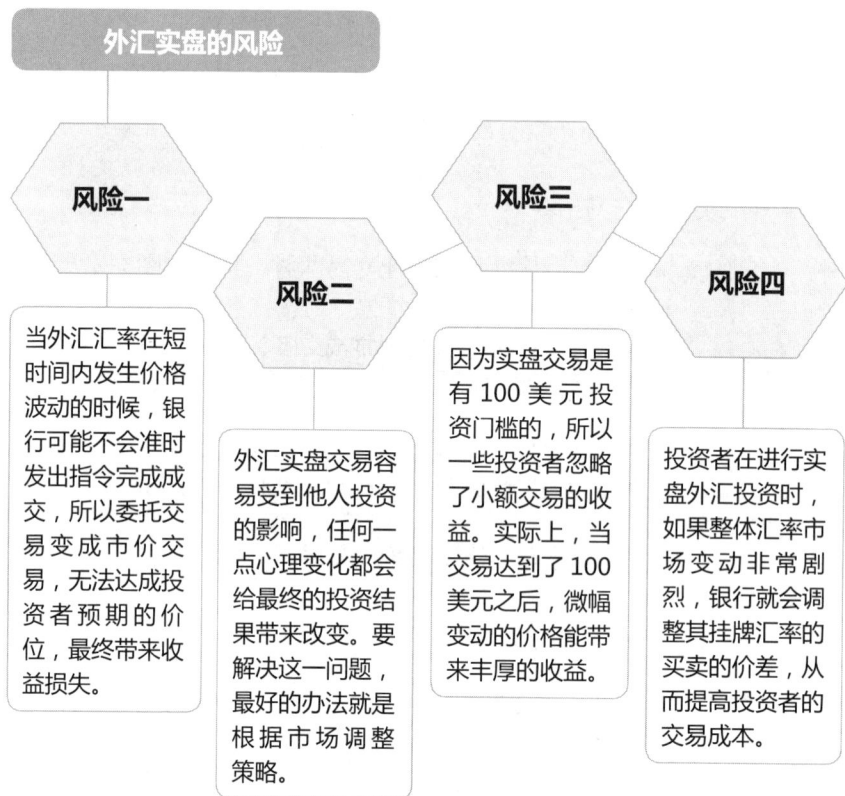

外汇实盘的风险

风险一

风险二

风险三

风险四

当外汇汇率在短时间内发生价格波动的时候，银行可能不会准时发出指令完成成交，所以委托交易变成市价交易，无法达成投资者预期的价位，最终带来收益损失。

外汇实盘交易容易受到他人投资的影响，任何一点心理变化都会给最终的投资结果带来改变。要解决这一问题，最好的办法就是根据市场调整策略。

因为实盘交易是有 100 美元投资门槛的，所以一些投资者忽略了小额交易的收益。实际上，当交易达到了 100 美元之后，微幅变动的价格能带来丰厚的收益。

投资者在进行实盘外汇投资时，如果整体汇率市场变动非常剧烈，银行就会调整其挂牌汇率的买卖的价差，从而提高投资者的交易成本。

图 3-5 外汇实盘的风险

NO.005 外汇实盘的交易流程

我们进行实盘外汇的投资，最重要的就是要掌握投资交易流程，一次完整的外汇买卖，需要经历如图 3-6 所示的 4 个步骤。

第一步　开户是外汇实盘投资的第一阶段，投资者可以在银行与投资机构完成外汇实盘开户。

第二步　第一次进行外汇投资前，要完成风险评估测试，由银行评估投资者是否适合投资外汇。

第三步　在银行与投资机构之间完成第三方存管，将资金注入已经开立的投资账户中。

第四步　开始进行市价交易与挂单交易，买入外汇后，可在任意时间进行卖出。

图 3-6　外汇实盘的交易流程

3.2 外汇保证金

在外汇投资中，有一种是在全球范围内属于个人理财产品中的顶级产品，它是一种非常具有投资价值的外汇投资，这就是下面要介绍的外汇保证金。

NO.006　什么是外汇保证金

简单来说，保证金就是通过杠杆的形式，将投资者的资金放大，可以用更多的资金去买卖外汇，从而获得相应比例的利润。也就是说投资者将保证金交易模式引入外汇中，是在金融机构与投资者之间签订外汇买卖合同，投资者按照合同的约定投入一定比例的保证金，同时进行 100% 的外汇操作。

外汇保证金交易，可从如图 3-7 所示的内容中详细了解。

合约方式

投资外汇保证金，并不是传统意义上的买入卖出，而是以合约的形式进行保证，它类似于期货合约，以规定最低的投资数额作为单位来进行合约买卖。

投资效应

投资者实际交易的金额是其交付外汇保证金的几倍、几十倍，在这样的情况下，投资效应被放大，具有很强的投资价值。另外需要注意的是，在这样的情况下投资风险也将被放大。

双向交易

外汇保证金投资可以进行双向交易，投资者可以根据自己的预期进行多空操作，交易的方向不受账户和币种的限制，这保证了投资者在价格涨跌时都有获利的机会。

杠杆方式

所谓杠杆，就是外汇保证金比例的选择。通常用"1：10""1：20"等比例的形式显示，我们可以简单理解为"1：10"的杠杆就是将投资资金放大了 10 倍。

T+0

和外汇实盘一样，外汇保证金同样实行"T+0"的交易方式，理论上在一个交易日内可以进行数次进出场，这样可以让投资者有更多的获利机会。

涉及计息

外汇保证金在投资过程中会涉及利息的收付，其中计息的本金是投资者的合约金额，投资者买进高息货币时可获得利息收入，但卖出高息货币时也需要支付利息费用。

图 3-7 外汇保证金的要点

在外汇保证金以及后面涉及的外汇期货等投资中，都会涉及双向交易，许多新手投资者并不理解什么是价格涨跌都可以获利。下面我们就通过一个案例进行讲解。

实例分析

双向交易的案例

2019 年 11 月 1 日，某投资者在早晨 8:00 以 1.2939 的价格投资做多了英镑兑美元外汇保证金，并在当日的 17:00 以 1.2958 的价格进行平仓，如图 3-8 所示。

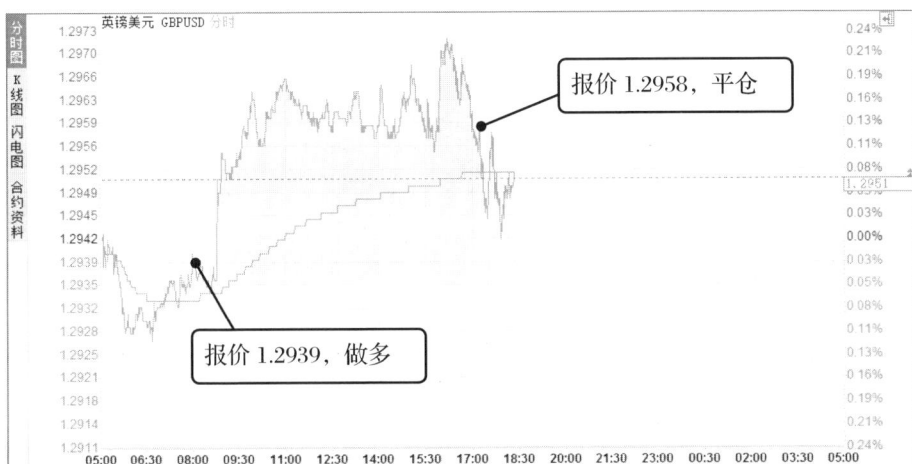

图 3-8 外汇保证金做多操作

做多和"低买高卖"类似，在上图中，如果不考虑手续费等，该投资者的单位份额就获利 0.0019。

某投资者在 2019 年 11 月 1 日 8:40 以 1171.3299 的价格做空了一份美元兑韩元的外汇保证金合约，在当日 16:00 以 1164.6000 进行平仓，如图 3-9 所示。

图 3-9 外汇保证金做空操作

所谓做空，理论上是先借货卖出，再买进归还，通过"高卖低买"的方式进行交易。如在上图中该投资者单位份额获利 6.7299。

NO.007　外汇保证金的杠杆选择

无论外汇保证金进行什么样的投资，最重要的还是选择不同比例的杠杆。如今的外汇保证金交易市场，常见的杠杆有如表3-1所示的5种。

表 3-1

杠杆类型	说明
10 倍杠杆	需要支付的保证金是总投资金额的 10%
50 倍杠杆	需要支付的保证金是总投资金额的 2%
100 倍杠杆	需要支付的保证金是总投资金额的 1%
200 倍杠杆	需要支付的保证金是总投资金额的 0.5%
400 倍杠杆	需要支付的保证金是总投资金额的 0.25%

为了吸引更多的投资者，如今的一些外汇经纪商推出了 5 倍杠杆，这种杠杆更适合风险承受能力较小的投资者。而有的经纪商推出了 500 倍、800 倍杠杆，这种杠杆适合一些高风险承受能力的投资者。

NO.008　外汇保证金投资的优势与缺点

投资外汇保证金，要明确它有哪些优势与缺点，这样才能在投资过程中扬长避短。外汇保证金的投资优势如表 3-2 所示。

表 3-2

优势	说明
全球市场	外汇市场是一个全球性的市场，因此外汇保证金也有着非常庞大的交易量，每日国际间外汇买卖以一天 24 小时、由东方至西方不间断地进行

续表

优势	说明
大众市场	外汇买卖的参与者，有各国的大小银行、中央银行、金融机构、进出口贸易商、企业的投资部门、基金公司以及个人，因此外汇保证金参与买卖的机会是均等的
灵活性高	在24小时的交易时段中，投资者根据汇率的波动进行买卖，进场与出场均无时间限制，而且可以随时选择进出外汇保证金市场，有非常好的变现性和灵活性
扩大机会	外汇保证金最大的两项交易制度是保证金交易与双向交易，使得外汇保证金能在牛市与熊市中都有获利的机会，同时可以用极少的资金获得更多的投资资本
避免套牢	外汇保证金的买卖一般是在网上进行的，因此在交易时间内，投资者可以任意选择出场，不会发生无法出场而被套牢的情况，有效降低了投资者的资金损失风险

有优势自然也有缺点，外汇保证金最大的缺点也是由杠杆交易和双向金带来的，具体的缺点如下所示。

◆ 杠杆将投资资金放大，也将投资风险放大，价格风险变得更高。

◆ 因为外汇保证金的双向交易形式，许多投资者过分主观，喜欢揣测价格的头与底，这样不仅错过了最佳交易时间，也更容易造成损失。

◆ 外汇保证金的投资者往往有赌博心理，过分选择较大比例的杠杆，从而无法承受后市的价格波动。

◆ 外汇保证金的交易计算与交易流程都比较复杂，投资者容易将其弄混。

NO.009 外汇保证金的盈亏计算

外汇保证金的盈亏计算比较复杂，主要体现在其不同的标价方式下有不同的计算方式，主要分为如下两种。

（1）在直接标价法下

利息 = 合约金额 × （1 ÷ 入市价格）× 利率 × （投资天数 /360）× 合约数

损益 = 合约金额 × （1÷ 卖出价格— 1÷ 买入价格 ）× 合约数—手续费 ± 利息

（2）间接标价法下

利息 = 合约金额 × （1÷ 入市价格 ）× 利率 × （投资天数 /360）× 合约数

损益 = 合约金额 × （卖出价格—买入价格 ）× 合约数—手续费 ± 利息

下面我们通一个例子来看看外汇保证金的盈亏计算。

实例分析

外汇保证金的盈亏计算

某日，欧元兑澳元的报价为1.6190，这就表示用1.6190澳元可以买入1欧元，或卖出1欧元可以买入 1.6190 澳元。

某投资者预测欧元兑换澳元的汇率价格将出现升值，因此他进行了如下操作。

买入欧元，并等待汇率上涨。具体为用 161 900 澳元买入 100 000 欧元。

同时该投资者采用了利用1∶100 的保证金杠杆，因此只需投入1 619 澳元。

之后，如同该投资者预期，欧元兑澳元的价格上升至1.6210。

在获取利润后,他在1.6210的价位卖空 100 000 欧元,最终获得 162 100 澳元。

总体来看，投入了1 619 澳元，收回 162 100 澳元。

最终获利 162 100 — 1 619=160 481 澳元，回报率约为 9 912%。

理财贴士 *未采用杠杆交易*

如果没有采用杠杆交易，上面的例子会如何呢。

首先，投入资金需要161 900 澳元，回报为162 100 澳元，获利依然为200 澳元，但回报率还不足1%，对于如此大的投资金额来说，这样的收益几乎没有任何意义。

另外，如果价格出现下跌，投资者出现损失，因为交易金额放大，所以微小的价格下跌就会带来较大损失，最终的损失也会更大。

NO.010　外汇保证金、外汇实盘、股票的区别

在认识了外汇实盘与外汇保证金之后，接下来横向比较一下这两者的区别，同时还加入了股票进行对比，让投资者可以更直观地了解三者的区别，具体如表 3-3 所示。

表 3-3

对比项	外汇实盘	外汇保证金	股票
时间限制	24 小时交易	24 小时交易	证券交易所营业时间
投资项目	主流国家的货币，包括直盘与交叉盘	主流国家的货币，包括直盘与交叉盘	上市公司股票
市场公平度	无庄家，无幕后操作	无庄家，无幕后操作	有主力操盘
风险大小	相对较小	按杠杆比例放大风险	较不稳定
市场趋势	有牛市与熊市	无牛市与熊市	有牛市与熊市
套牢机制	无	无	有
交易门槛	100 美元	1 000 美元	100 股 / 手
交易方向	单向交易	双向交易	单向交易
交易方式	T+0	T+0	T+1
投资金额	全额	乘以杠杆比例	全额
交易场所	无固定场所	无固定场所	证券交易所

3.3 外汇期货

在外汇投资中，有一种较为特殊的产品，它属于期货投资的产品，但因为和外汇挂钩，所以也是外汇投资的重要组成部分，即外汇期货。

NO.011 什么是期货

要投资外汇期货，首先我们需要来简单认识一下什么是期货。

期货严格意义上来说是一种合约，交易双方不必在买卖发生的初期就交收实货，而是共同约定在未来的某一时间交收实货。

期货的交易从本质上来说有如图 3-12 所示的 5 个要点。

1	期货交易是在期货交易所中按照制度与规则集中交易，无法进行场外交易。
2	统一制定价格，并随着实际价格的变化，合约的约定价格也有可能出现变化。
3	期货有着非常完善的交易制度，可以避免风险扩大。
4	期货可以完全不涉及货币实物，完全以期货报价进行投资。
5	期货的种类分为金属期货、农产品期货、能源矿物期货、化工期货、金融期货等。

图 3-10 期货的 5 个要点

NO.012 外汇期货的标准化合约

所谓外汇期货，就是以外汇价格为标的的期货合约。期货交易采用的是标准化合约，外汇期货也是一样。下面我们就来看看外汇期货合约有哪些主要内容。

（1）期货名称

外汇期货的交易种类目前并不多，主要有 8 种货币，这 8 种货币及其期货代码如下。

英镑 BP、加元 CD、荷兰盾 DG、日元 JY、墨西哥比索 MP、瑞士法郎 SF、法国法郎 FR。

另外，交易月份也是期货名称的重要组成部分，目前国际货币市场所有外汇期货合约的交割月份都是一样的，为每年的 3 月、6 月、9 月和 12 月。

（2）交易日期

期货中比较重要的一项内容就是交割日期与交易日期。外汇期货的交易日为每个交割月份的第三个星期三。外汇期货的最后交易日为期货约定到期日的最后一个交易日，不同的期货交易所有不同的规定。

（3）最小价格波幅

在期货合约中，需要约定每种合约的最小价格变动数。在外汇期货中，这个最小变动数就是汇率的最小波动额，具体内容如下。

英镑：0.0005 美元；加元：0.0001 美元；荷兰盾：0.0001 美元；日元：0.0000001 美元；墨西哥比索：0.00001 美元；瑞士法郎：0.0001 美元；法国法郎：0.00005 美元。

（4）涨停板额

期货交易和股票类似，都有涨停板制度，它约定了期货合约在一天之内比前一交易日的结算价格高出或低过的最大波动幅度。外汇期货的涨停板额如下。

日元：1 250 美元；瑞士法郎：1 875 美元；墨西哥比索：1 500 美元；荷兰盾：1 250 美元；法国法郎：1 250 美元。

理财贴士 *外汇期货合约的其他内容*

在外汇期货合约中，还有其他一些内容，如交易时间、交割方式、保证金等，这在每一种合约中都会有不同的规定。

NO.013 外汇期货中的货币指数

在外汇期货合约中，是以外汇指数的走势作为标的的，因此了解外汇指数非常重要。下面我们就以美元指数为例来认识外汇指数。

所谓美元指数，是综合反映美元在国际外汇市场的汇率情况的指标，用来衡量美元对一揽子货币的汇率变化程度。

美元指数并不是单一指美元兑换任何一种外币的利率，而是美元以全球各主要国家与美国之间的贸易结算量为基础，以加权的方式计算出美元的整体强弱程度。

这其中的各种货币是有各种权重对比的，具体如下。

◆ 欧元：57.6。

◆ 日元：13.6。

◆ 英镑：11.9。

◆ 加拿大元：9.1。

◆ 瑞典克朗：4.2。

◆ 瑞士法郎：3.6。

因为有了权重，所以美元指数与美元兑其他货币的汇率会有所不同，如图 3-11 所示。

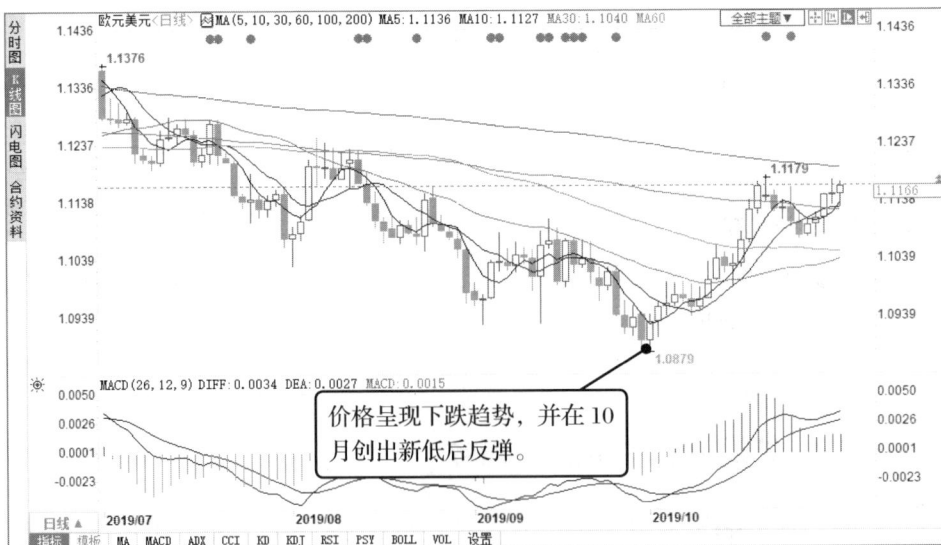

图 3-11 欧元／美元汇率与美元指数

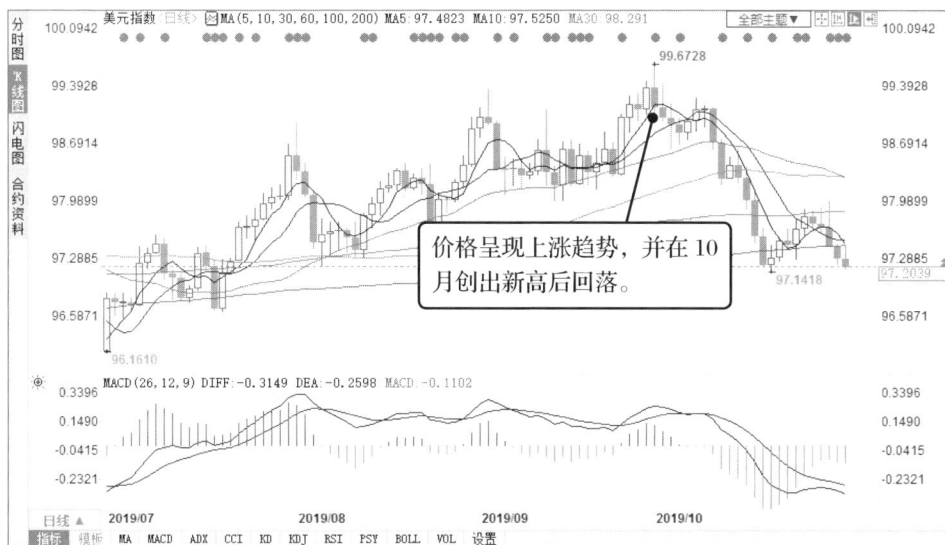

图 3-11 欧元 / 美元汇率与美元指数（续）

NO.014 外汇期货的交易制度

前面我们说到期货交易中有很多交易制度，如涨停板制度等，那么在外汇期货中，这些交易制度是如何体现的呢？具体如下。

（1）保证金制度

期货保证金制度是期货交易中最重要的制度之一，它既具有其他保证金交易的特性，又具有期货投资的特性。

期货的保证金分为交易保证金与结算保证金，具体如下。

◆ 交易保证金是会员单位或投资者在期货交易过程中因持有期货合约而实际支付的保证金。

◆ 结算保证金是由期货会员单位按固定标准向交易所缴纳的，为交易结算预先准备的资金，是未被合约占用的保证金。

（2）每日结算无负债制度

在外汇期货交易中，每日结算无负债制度是非常重要的，它指每日交易结束后，交易所按当日结算价结算所有合约的盈亏、交易保证金、手续费、税金等费用。如果出现损失，最低保证金不足，投资者需要将不足的金额补入自己的外汇期货投资账户中。

（3）强制平仓制度

如果在每天结算之后没有补足最低保证金，就会被交易所强制平仓。

强制平仓是指期货交易所将投资者账户进行强行平仓，当发生如下所示的情况时，就会被强制平仓。

- ◆ 会员结算保证金余额小于零，并未能在规定时间内将其补足。
- ◆ 持仓量超出持仓限额标准，并且未能在规定时限内进行平仓。
- ◆ 投资者违反交易所规定进行操作，会被强制平仓。
- ◆ 根据交易所的紧急措施应予以强行平仓，如金融市场发生重大风险事件时。

NO.015　外汇期货的投机、套期保值与套利

在外汇期货交易时，一般会涉及3种交易方式，分别为投机、套期保值与套利。

（1）外汇期货投机

所谓期货投机，就是指在期货市场上以获取价差收益为目的的期货交易行为，简单来说，期货投资就是直接买卖期货合约，不涉及现货，也不涉及另一份合约，单纯利用"低买高卖"来获利。

在外汇期货投机过程中，会涉及看涨的投机与看跌的投机，投资者需要根据自己对后市的预判做出相应的操作。

（2）外汇期货套期保值

套期保值是期货交易中的重要交易手段，在外汇期货中，为了规避风险，往往将期货与现货两个市场联动起来形成套期保值。

简单来说，套期保值就是买进或卖出与现货市场交易数量相当，但交易方向相反的商品期货合约，并在未来某一时间通过卖出或买进相同的期货合约，如买入期货合约、卖出现货或是卖出期货合约、买入现货。

在套期保值中，一定要遵循以下原则。

◆ 期货和现货方向相反原则。

◆ 期货和现货数量相等原则。

◆ 期货和现货种类相近原则。

◆ 期货和现货时间相近原则。

（3）外汇期货套利交易

除了投机与套期保值之外，还有一种比较好的外汇期货投资方式，就是套利。

套利也可以将其称为价差交易，是指在买入或卖出某种期货合约的同时，卖出或买入同一种或相关的另一种合约，并且企图利用相反的价差变化来进行获利的一种投资手段。

期货的套利种类有很多，具体如图 3-12 所示。

图 3-12 套利交易的种类

与套期保值一样，套利交易需要满足以下 4 个条件。

◆ 合约性质相近原则。

◆ 合约买卖相反原则。

◆ 合约同进同出原则。

◆ 合约数量相等原则。

3.4 外汇期权

在外汇投资中除了期货之外，还有一种更为高级的衍生品，即外汇期权。下面我们就来认识它。

NO.016　什么是期权

如果说期货是买卖商品或者合约，那么期权就是买卖权利。它是一种具有选择权的合约，赋予买方在合约期具有买卖外汇资产的权利。

要详细了解什么是期权，我们可以来看下面一个简单的例子。

实例分析

什么是期权的案例

李先生最近看中一套标价为 100 万元的二手房。

在购买时，李先生陷入了两难境地，他担心如果现在购买，房价在未来可能会下跌，但是如果现在不购买，又担心未来房价可能出现上涨。

为了避免房价在未来发生变动，李先生与房主有了如下约定：

他支付 10 万元给房主，以 6 个月为期限，6 个月之后，他有权利选择是否以 100 万元的价格购买该套房产。

在这个过程中，这种约定的交易，就被称为期权合约，10万元就是期权费用。

6个月后，该套房产的价格上涨为120万元，李先生立刻用100万元的价格将其买入，而此时，该投资者手里拥有的是120万元的房产，减去支付的10万元期权费用，他赚了10万元。

如果6个月后该套房出现下跌，只值80万元，那么李先生可以选择放弃期权，因此他就损失了10万元的期权费。算下来比当时以100万元购买，损失得更少。

在上面这个例子中，李先生用10万元获得选择是否购房的权利，就是期权交易。

期权的种类，一般可以分为两种，具体如图3-13所示。

美式期权	欧式期权
买方在支付一定的金额给卖方后，期权合约就赋予了买方充分的权利，卖方可以在约定的日期到期日之间的任何时间执行权利。	欧式期权是指买方在支付了一定的金额给卖方之后，必须等到合约约定的期限才可以行使权利，进行标的物的买卖。

图 3-13 美式期权与欧式期权

NO.017 外汇期权的交易要点

外汇期权的交易，需要注意以下内容。

（1）外汇期权合约金额

外汇期权采用的都是美元标价的方法，在合约金额上采用固定金额，不同的交易所有不同的规定，如在美国费城证券交易所，有如表3-4所示的约定。

表 3-4

交易货币	合约金额	交易货币	合约金额
英镑	31 250	澳大利亚元	50 000
瑞士法郎	62 500	欧元	62 500
加拿大元	50 000	日元	250 000

（2）外汇期权费用

外汇期权的期权费用采用两种标价方式，具体如下。

◆ 以协定价格的百分比表示。

◆ 与协定价格清算的某种货币或其他货币数量来表示。

在外汇期权中，期权费用受到如图 3-14 所示内容的影响。

图 3-14 影响外汇期权费用的因素

（3）外汇期权的交易

外汇期权同样可以进行杠杆交易，投资者可以利用较少的资金参与更多资金的投资，从而有机会获得更大的收益。

另外，外汇期权的交易目前主要是在银行进行，如在中国工商银行（以下简称工商银行），外汇期权合约有如图 3-15 所示的交易步骤。

第一步	投资者向工商银行提出开户申请,填写《客户评估表》。
第二步	详细阅读相关协议,提交《中国工商银行结售汇业务总协议》。
第三步	投资者将资金存入所开立的外汇期权账户中。
第四步	签订《人民币外汇期权交易业务申请书》,完成交易。
第五步	期权到期日,客户提交《人民币外汇期权行权申请》进行交割。
第六步	资金于 3 日之内返回投资者账户。

图 3-15 工商银行外汇期权投资流程

NO.018 外汇期权的投资门槛与交易方式

外汇期权的投资交易非常容易,投资门槛非常低,有时候买卖一份合约的价格还不到 1 美元,同时在合约到期时,系统会自动进行清算,无须较大金额的本金。这为更多的人带来投资机会。

如今的外汇期权合约,可以通过网上银行直接进行投资,实行 24 小时交易,为不同时间点的买卖提供了方便。

理财贴士 *二元期权*

在外汇期权交易中，有一种比较特殊的产品——二元期权。

二元期权，又被称为数字期权、固定收益期权，是操作最简单、最流行的金融交易品种之一。简单来说，二元期权只判断现货价格相对于约定价格的高低，无须判断点数，但收益率是固定的。

NO.019　外汇期货、期权及外汇保证金的对比

前面我们比较了外汇保证金与外汇实盘，下面我们就以外汇保证金为基础，横向比较外汇期货与期权，如表 3-5 所示。

表 3-5

对比项	外汇保证金	外汇期货	外汇期权
交易场所	无固定场所	期货交易所	证券交易所或期货
交易期限	24 小时交易	24 小时交易	24 小时交易
交易方式	保证金交易	保证金交易	保证金交易
费用收取	按杠杆比例决定投资金额	支付保证金	交付期权费用
交易门槛	1 000 美元	无	50 万元
涨停板制度	无	有	无
结算时间	随时平仓	合约约定的交割时间	到期前进行平仓
交易方向	双向交易	双向交易	双向交易
风险大小	风险较大	风险较大	双方风险转换
国内投资	投资机构	投资机构	银行

第 **4** 章

炒汇技术准备——网上银行与投资网站

通过前面的内容我们知道，如今的外汇交易大多是通过网络完成的。在这一趋势下，投资者熟练使用和外汇相关的网站就显得非常重要了。这一章就让我们来讲解网上银行与外汇投资网站。

4.1 网上银行的基本操作

网上银行是我们投资外汇非常重要的地方，在网上银行几乎可以进行所有的银行业务。下面就来实际看看网上银行的基础操作。

NO.001 登录工商银行网上银行

目前，在银行申请并办理银行卡时，工作人员通常会为用户开通个人网上银行（用户也可以主动申请开通）。此后，用户就可以自行登录网上银行了，具体操作如下。

实例分析

登录网上银行

启动浏览器，在地址栏中输入"http://www.icbc.com.cn/"网址，按【Enter】键访问工商银行网上银行官网，如图4-1所示。

图4-1 访问工商银行网上银行官网

进入工商银行网行上银行首页，在左侧菜单栏中单击"个人网上银行登录"按钮，如图4-2所示。

在打开的登录页面中，依次输入银行卡号、网上银行登录密码和验证码，单击"登录"按钮,如图4-3所示。

图4-2 单击按钮

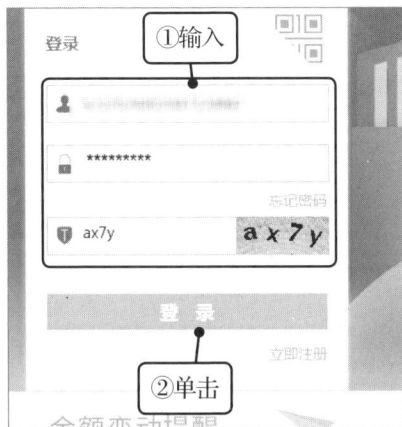

图4-3 使用账号登录网上银行

成功登录到个人网上银行后,会进入如图4-4所示的页面,页面中包括上方的导航栏与功能按钮以及中间的欢迎页面。

图4-4 登录成功

NO.002 使用网上银行查询个人账户余额

我们进行外汇投资时,银行账户内可能随时都会有资金进出,因此查询账户余额与交易明细就显得非常重要了。在网上银行查询账户余额与交易明细的具体操作如下。

实例分析

使用网上银行查询账户余额与交易明细

登录工商银行个人网上银行，在页面上方单击"我的账户"按钮，如图 4-5 所示。

图 4-5 单击"我的账户"按钮

在打开的页面中就可以查看到个人账户余额，如果要查看账户明细，可单击其后的"明细"按钮进行查询，如图 4-6 所示。

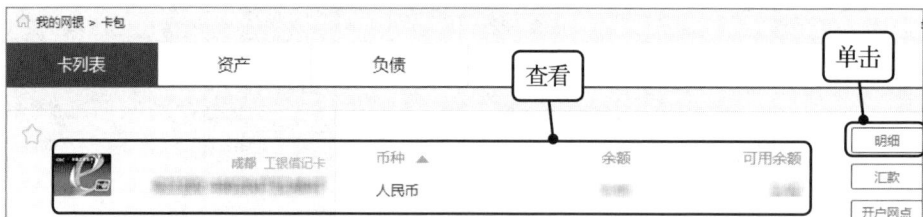

图 4-6 查看明细

NO.003 向他人账户汇款

在投资外汇过程中，需要了解向他人账户汇款的情况。在网上银行我们可以轻松完成这一操作。

实例分析

如何通过网上银行向他人转账

登录工商银行个人网上银行，在上方单击"转账汇款"按钮，如图4-7所示。

图 4-7 单击"转账汇款"按钮

在打开的页面中会显示多种转账汇款方式，保持默认选项。在"单笔汇款"栏中设置收款人姓名、收款人卡号、收款银行、汇款金额与汇款时间，如图4-8所示。

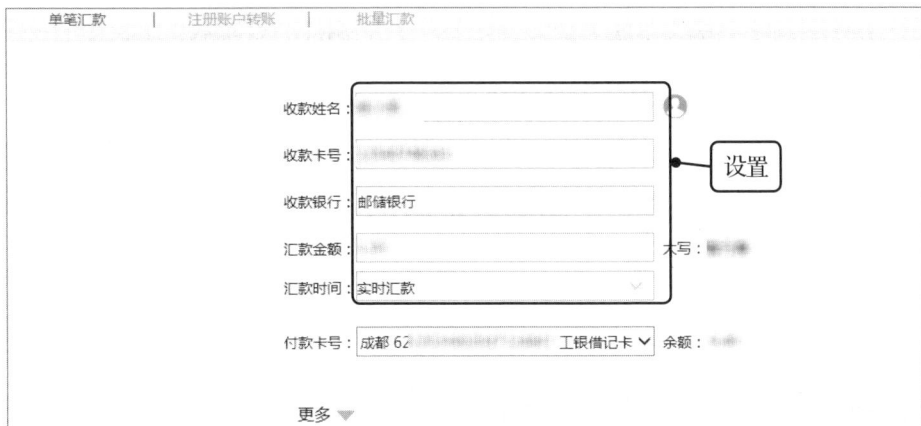

图 4-8 设置转账账户与信息

在打开的页面中确定转账汇款的信息，在下方的安全支付栏中输入动态口令卡密码，单击"确定"按钮即可完成转账，如图 4-9 所示。

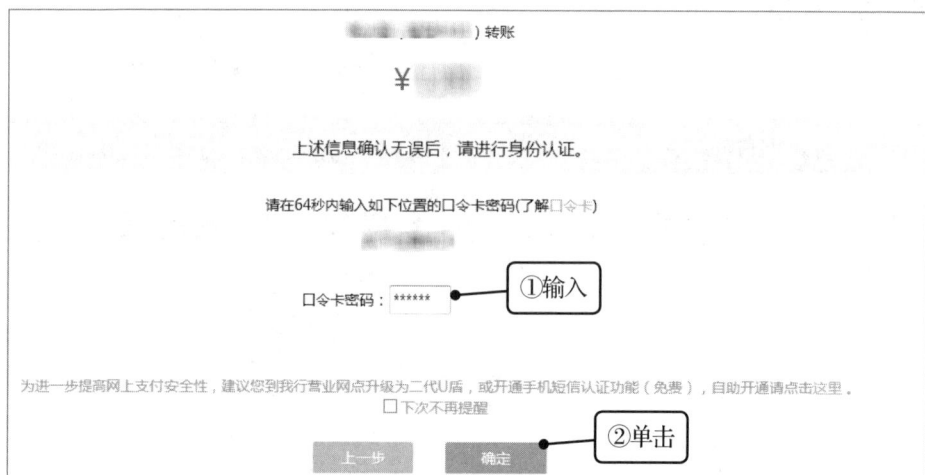

图 4-9 完成转账

4.2 网上银行的外汇服务

在工商银行的网上银行平台中有非常丰富的和外汇有关的投资服务，下面我们就来了解如何在网上银行完成外汇投资。

NO.004 查看工商银行最新外汇牌价

查询最新外汇挂牌牌价是网上银行投资外汇的基础，在工商银行网上银行，查询外汇牌价的具体操作如下。

实例分析

如何查看最新外汇牌价

进入工商银行网上银行的首页中，单击"财富广场"导航按钮，在弹出的下拉菜单中选择"外汇"命令，如图 4-10 所示。

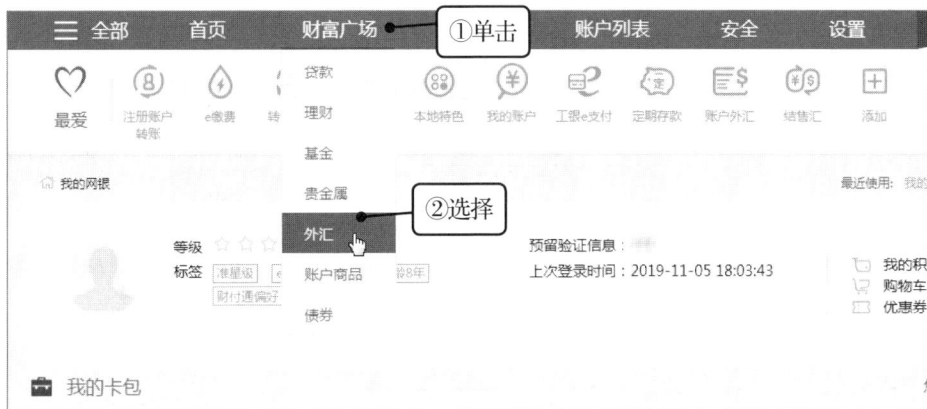

图 4-10 选择"外汇"选项

此时将自动进入工商银行外汇投资页面，该页面包含着十分丰富的外汇服务。在"行情资讯"栏右侧单击"更多"超链接，如图 4-11 所示。

图 4-11 单击"更多"超链接

在打开的页面单击"外汇牌价"导航按钮，如图 4-12 所示。

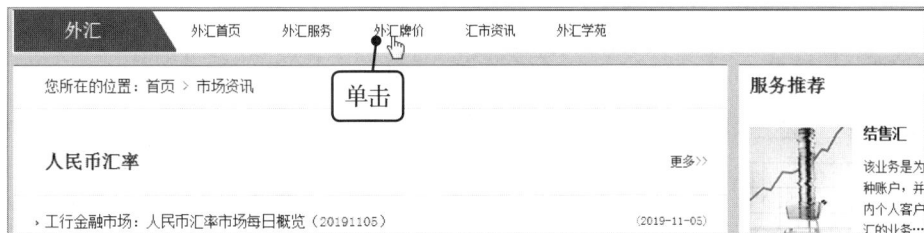

图 4-12 单击"外汇牌价"导航按钮

在打开的页面中设置查询日期、货币名称后，单击“查询”按钮即可看到详细的外汇牌价情况，如图 4-13 所示。

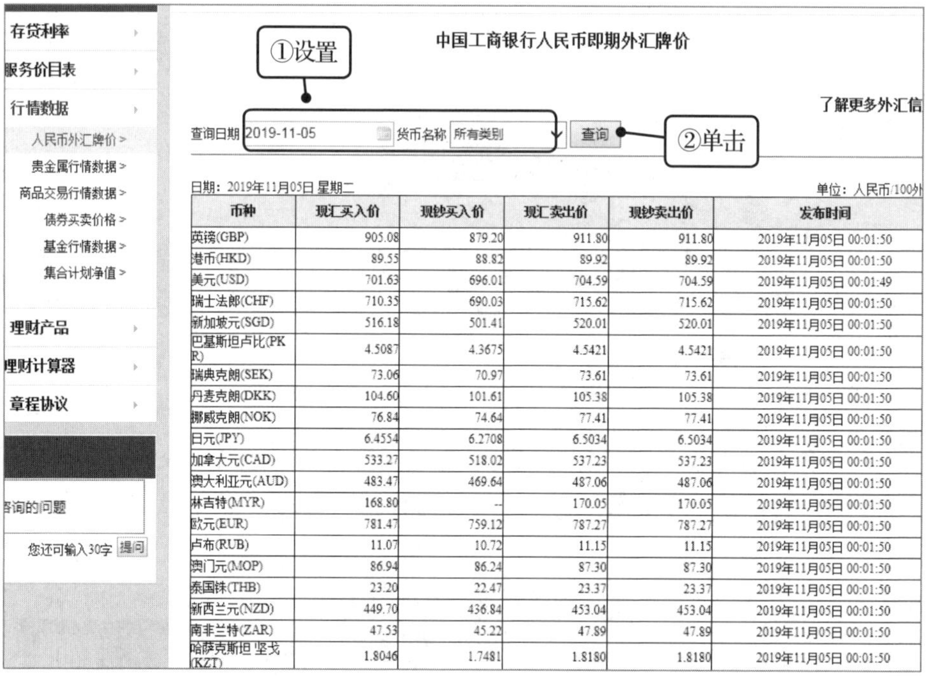

币种	现汇买入价	现钞买入价	现汇卖出价	现钞卖出价	发布时间
英镑(GBP)	905.08	879.20	911.80	911.80	2019年11月05日 00:01:50
港币(HKD)	89.55	88.82	89.92	89.92	2019年11月05日 00:01:50
美元(USD)	701.63	696.01	704.59	704.59	2019年11月05日 00:01:49
瑞士法郎(CHF)	710.35	690.03	715.62	715.62	2019年11月05日 00:01:50
新加坡元(SGD)	516.18	501.41	520.01	520.01	2019年11月05日 00:01:50
巴基斯坦卢比(PKR)	4.5087	4.3675	4.5421	4.5421	2019年11月05日 00:01:50
瑞典克朗(SEK)	73.06	70.97	73.61	73.61	2019年11月05日 00:01:50
丹麦克朗(DKK)	104.60	101.61	105.38	105.38	2019年11月05日 00:01:50
挪威克朗(NOK)	76.84	74.64	77.41	77.41	2019年11月05日 00:01:50
日元(JPY)	6.4554	6.2708	6.5034	6.5034	2019年11月05日 00:01:50
加拿大元(CAD)	533.27	518.02	537.23	537.23	2019年11月05日 00:01:50
澳大利亚元(AUD)	483.47	469.64	487.06	487.06	2019年11月05日 00:01:50
林吉特(MYR)	168.80	--	170.05	170.05	2019年11月05日 00:01:50
欧元(EUR)	781.47	759.12	787.27	787.27	2019年11月05日 00:01:50
卢布(RUB)	11.07	10.72	11.15	11.15	2019年11月05日 00:01:50
澳门元(MOP)	86.94	86.24	87.30	87.30	2019年11月05日 00:01:50
泰国铢(THB)	23.20	22.47	23.37	23.37	2019年11月05日 00:01:50
新西兰元(NZD)	449.70	436.84	453.04	453.04	2019年11月05日 00:01:50
南非兰特(ZAR)	47.53	45.22	47.89	47.89	2019年11月05日 00:01:50
哈萨克斯坦 坚戈(KZT)	1.8046	1.7481	1.8180	1.8180	2019年11月05日 00:01:50

图 4-13 查看外汇牌价

NO.005 学会使用外汇计算器

在外汇投资中常常会涉及外币计算，通过手动计算兑换成人民币的金额会比较麻烦，而且因为汇率随时存在变动会造成计算的结果不准确。这时可使用工商银行的外汇计算器。

实例分析

使用计算器计算外币兑换

进入工商银行网上银行的首页中，单击“财富广场”导航按钮，在弹出的下拉菜单中选择“外汇”选项进入工商银行外汇投资页面，在页面右侧的“工具助手"栏中单击"外币买卖计算器"按钮，如图 4-14 所示。

币种	银行买入价（汇）	银行买入价（钞）	银行卖出价（汇）	银行卖出价（钞）	操作
美元	697.62	692.03	700.56	700.56	交易
欧元	775.18	753.01	780.93	780.93	交易
英镑	898.24	872.55	904.91	904.91	交易
日元	6.4003	6.2173	6.4478	6.4478	交易
单位：人民币/100外币			更新时间:2019-11-05 18:16:06		

图 4-14 单击"外币买卖计算器"按钮

打开外汇定制页面，在外汇买卖计算器中依次设置卖出币种、买入币种、操作选择和金额，然后单击"计算"按钮，在下方的"金额"文本框中会显示所计算出的买卖币种金额，如图 4-15 所示。

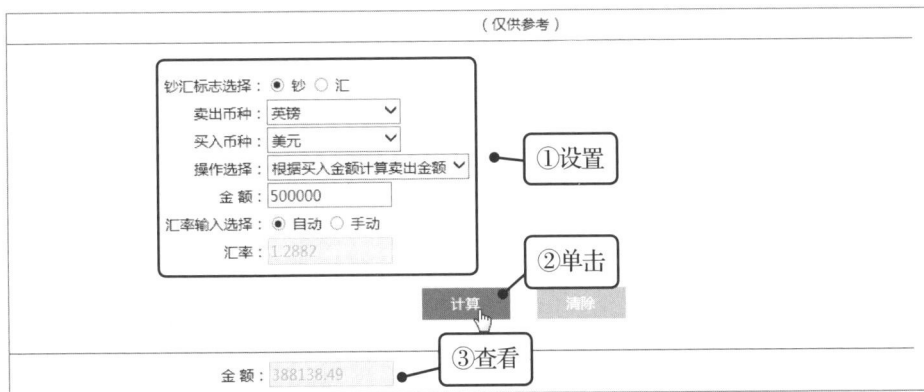

图 4-15 计算外币兑换金额

NO.006 投资工商银行账户外汇

在工商银行网上银行中，我们可以进行账户外汇的行情查看、下单交易等操作，可以更高效地完成投资，具体如下。

实例分析

如何投资账户外汇

登录工商银行个人网上银行，单击"财富广场"导航按钮，在弹出的下拉菜单中选择"外汇"选项进入工商银行外汇投资页面中，在页面下方即可看到"账户外汇"栏，单击"展开"按钮，可以查看到更多的账户外汇选项，如图4-16所示。

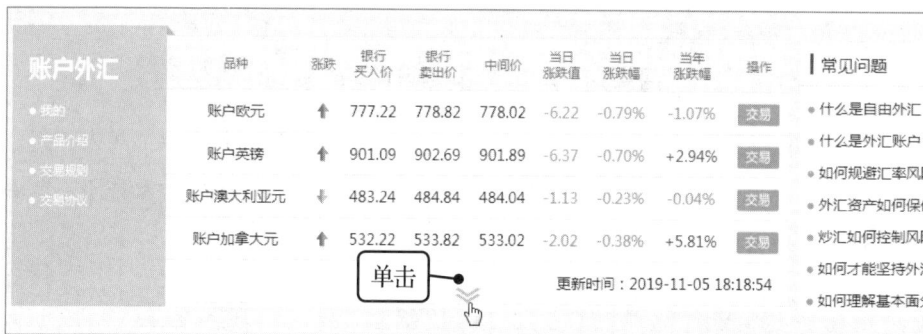

图 4-16 单击"展开"按钮

选择其中一种账户外汇，单击后面的"交易"按钮，如图4-17所示。

图 4-17 单击"交易"按钮

在打开的页面下方查看到该账户外汇的走势图，如果要买入该账户外汇，可以在页面右侧的"先买入后卖出"栏中点击"这里"超链接，如图4-18所示。

图 4-18 点击"这里"超链接

此时，需要认真阅读账户外汇交易协议、产品介绍以及交易规则，并选中同意协议复选框。页面中会自动显示出资金账户卡号、提醒手机号码，确认无误后单击"已阅读并继续"按钮进入交易页面，然后根据提示完成交易即可，如图 4-19 所示。

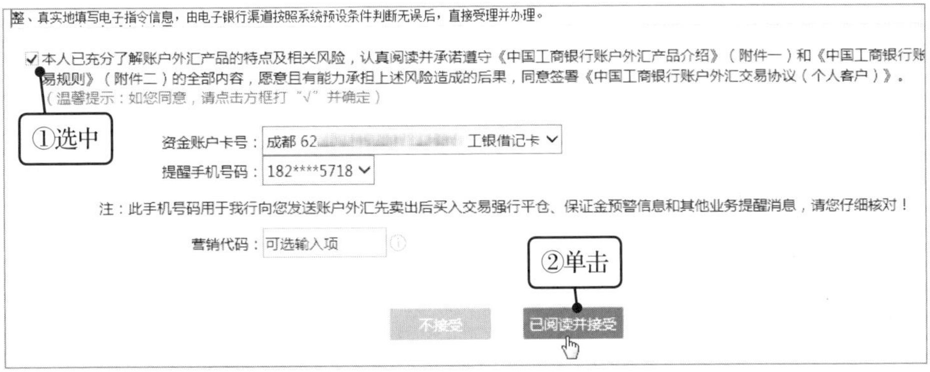

图 4-19 单击"已阅读并继续"按钮

4.3 外汇投资门户网站

除了银行网上银行，互联网上还有很多外汇投资服务网站。这些外汇网站能够为我们提供丰富的外汇资讯与投资服务，是我们投资外汇时的好帮手。

NO.007　在和讯外汇查看外汇行情

和讯外汇（http://forex.hexun.com/）是和讯网旗下的外汇投资网站，拥有丰富的外汇资源与投资参考讯息。进入和讯外汇，会看到如图4-20所示的主页面。

图 4-20 和讯网主页面

如果要在和讯网查看外汇行情，需要进行如下操作。

实例分析

如何在和讯网上查看外汇行情

进入和讯外汇首页，在工具栏中单击"实时行情"超链接，如图4-21所示。

图 4-21 单击"实时行情"超链接

在行情中心页面会看到丰富的外汇数据排行（如果找不到相关的外汇，可在左侧选择"所有汇率"选项）。找到要查询的外汇数据，单击其名称超链接，如图4-22所示。

图 4-22 单击目标外汇名称

在打开的页面中即可看到该外汇数据的具体价格与走势图，切换不同的显示页面可以查看不同的走势详情，这里默认显示外汇的分时线走势，如图 4-23 所示。

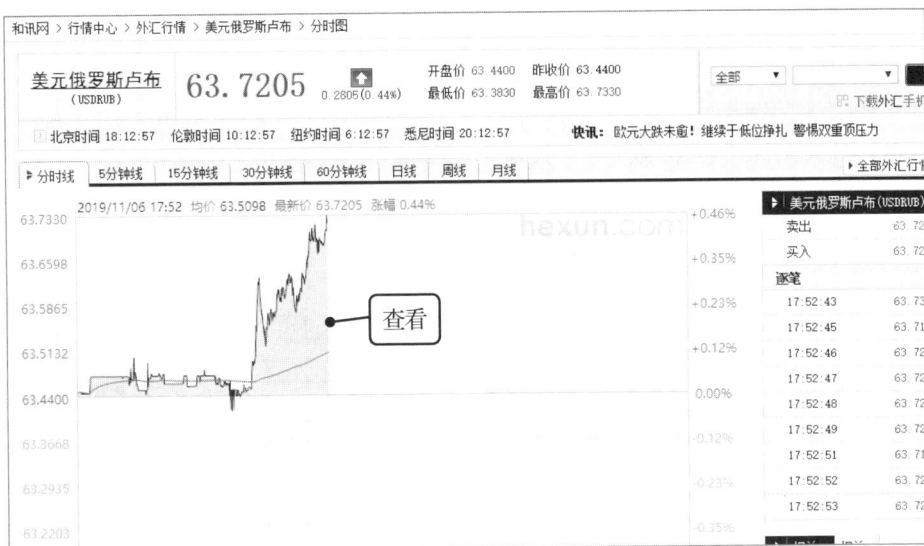

图 4-23 查看外汇分时走势

如果想要查看这一外汇品种更为长期的走势，可以单击上方"日线"选项卡，或者"周线"和"月线"选项卡，这三个周期的外汇走势将以 K 线图的方式进行展示如图 4-24 所示。

图 4-24 查看外汇日线 K 线走势

NO.008 简单认识和讯网的特色服务

在和讯外汇网上还有很多对外汇投资有帮助的服务功能，下面我们就简单来认识一下。

在和讯外汇首页中单击任何新闻或资讯超链接，在打开的页面中就可以直接看到最新的外汇资讯或分析，具体如图 4-25 所示。

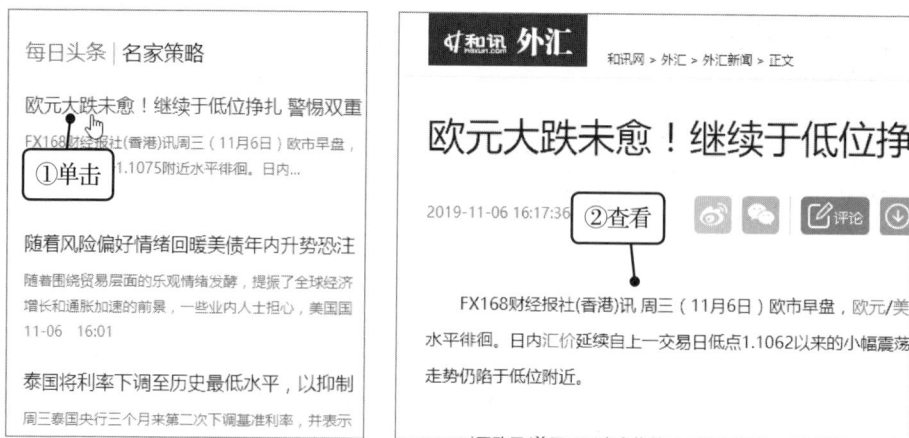

图 4-25 和讯网外汇资讯

和讯外汇会在每个交易日对外汇的走势进行分析，单击对应的视频即可观看详细地分析，新手投资者学习这些分析内容，对掌握下单的时机是非常有帮助的，如图 4-26 所示。

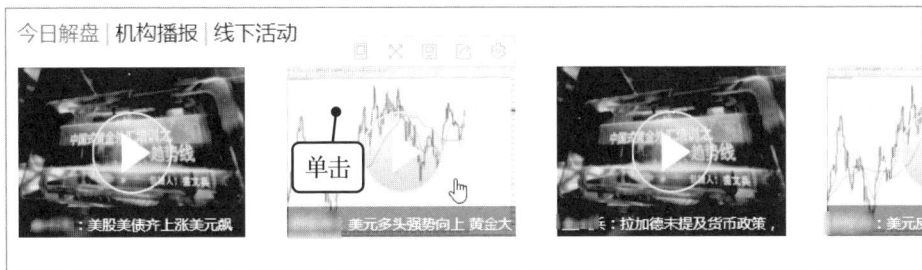

图 4-26 和讯网外汇解盘

和讯外汇网的外汇计算器功能比工商银行网上银行的更为专业，拥有购汇、结汇、外汇间兑换、外汇储蓄等功能，如图 4-27 所示。想要进入外汇计算器页面，直接在和讯外汇首页单击"汇民学校"超链接，在打开的页面的顶部单击"外汇工具"超链接即可。

图 4-27 和讯网外汇计算器

如果想要和其他外汇投资者交流投资经验，那么和讯外汇的外汇论坛是非常有趣的版块，可以通过发帖 / 回帖的形式与其他人进行经验交流，如图 4-28 所示。

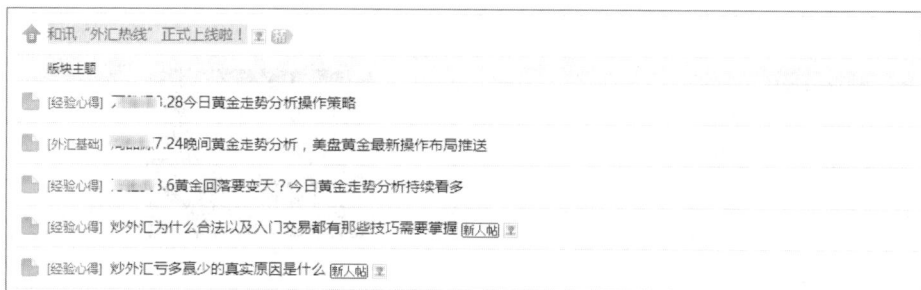

图 4-28 和讯网外汇论坛

在和讯外汇首页单击"汇民学校"超链接，在打开的页面左侧的"货币专栏"中单击任何一种外汇图片超链接，即可进入该种外汇专栏，包括新闻资讯、牌价、走势图、分析等内容，如图 4-29 所示。

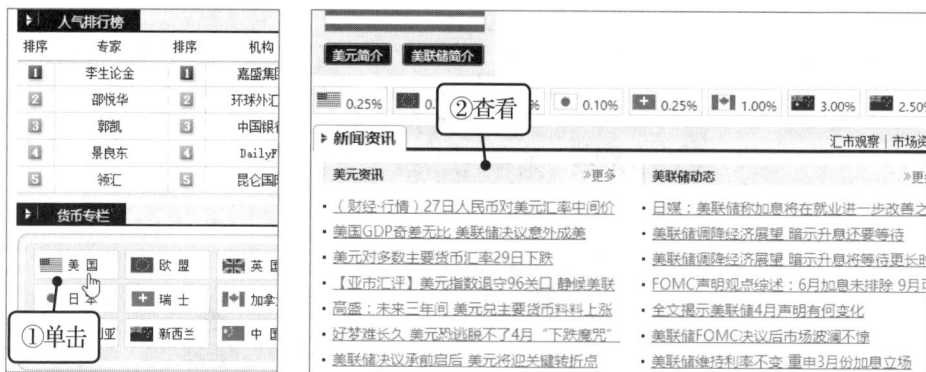

图 4-29 和讯网外汇专栏

NO.009 其他外汇门户网站

在互联网上还有很多外汇投资门户网站，这些网站从各个方面服务外汇投资。接下来我们就来认识几个实用性很强的外汇门户网站。

（1）中国外汇网

中国外汇网（http://www.chinaforex.com.cn/）是一个以电子杂志为主的外汇网站，该网站上不仅可以查询外汇行情，更主要的是可以通过不同的文章来了解国内外外汇市场与投资市场的行情，文章质量具有一定的品质。具体页面如图4-30所示。

图 4-30 中国外汇网主页

（2）环球外汇网

环球外汇网（http://www.cnforex.com/）是一个与和讯外汇网类似的外汇门户网站，提供24小时的实时财经新闻资讯，专家与银行对财经、外汇和贵金属市场的评论，学习园地以及专业投资分析工具等。同时环球外汇网使用人数众多，对市场的多空预判较为准确。其主页面如图4-31所示

图 4-31 环球外汇网主页

（3）国家外汇管理局网站

国际外汇管理局网站（http://www.safe.gov.cn/）是一个国家政府机关的外汇服务网站，在上面可以快速查询国家最新、最标准的外汇管理制度与公告，并可以轻松查询往期的外汇数据。其主页面如图4-32所示。

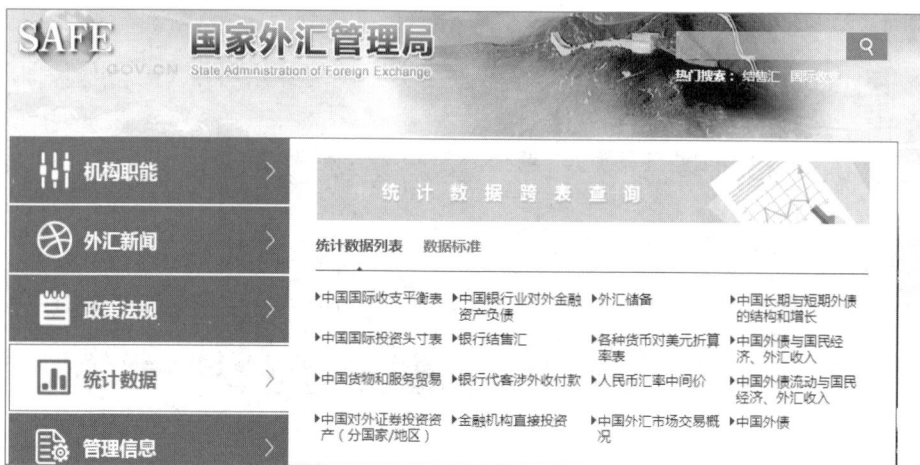

图4-32 国家外汇管理局网主页

4.4 外汇投资平台

在本书第1章中，我们介绍过外汇经纪人是个人投资外汇的重要纽带。随着网络的不断发展，如今的外汇经纪人都逐渐演变为外汇投资平台。

NO.010 认识网上投资平台

网上投资平台五花八门，究竟哪些才是正规、专业的网上投资平台呢？

进入一家外汇投资平台，一般会看到如图4-33所示的非常简洁的页面，但是如果页面中出现太多的广告，或者过分承诺收益率的文字，则可能是违规平台。

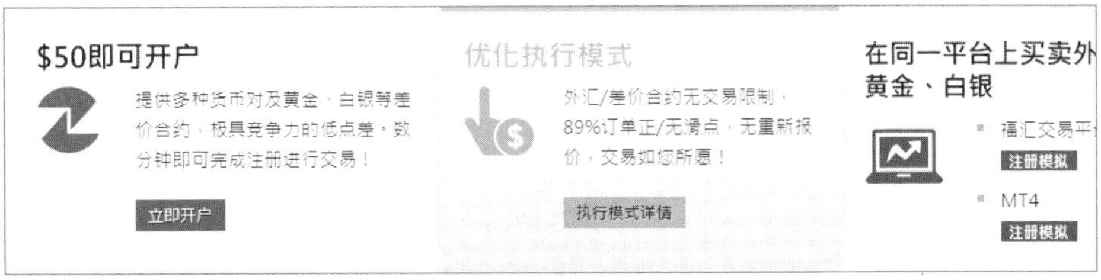

图 4-33 FXCM 福汇投资平台

一般来说，正规的外汇平台有如表 4-1 所示的 5 项内容。

表 4-1

内容	说明
软件	正规的外汇投资平台，都有自己的看盘软件及 MT4、MTR 投资交易软件，非法投资平台一般不会提供下载或是会提供修改过数据的虚假软件
开户	正规的外汇投资平台一般都拥有完整的账户注册流程，每一步都需要验证投资者的真实信息，而非法平台的注册账户过程一般只有简单的两三步，且不会有太多阻拦
入金	正规投资平台一般直接与银行的网上银行或专业支付平台合作。而非法外汇平台，可能会要求投资者向私人账户汇款，这是不可行的
咨询	专业的外汇投资平台除了投资之外，还拥有丰富的外汇投资知识与经验介绍，并且有专门的一对一服务，以帮助投资者完成开户、注资等操作
场所	正规的外汇投资平台并非只存在于网络，一般都有实体的场所。投资者可以通过电话、网络等方式验证其真伪

NO.011 外汇投资平台的开户

当我们在互联网上选择了一个外汇投资平台之后，第一步就是需要完成外汇投资账户的开立。下面就来看看详细的开户流程。

实例分析

在福汇投资平台开户

进入福汇外汇首页，在导航栏中单击"开立真实账户"按钮，如图 4-34 所示。

图 4-34 单击"开立真实账户"按钮

进入开立账户页面，在"开始开户流程"栏中选择当前所在的居住地，选中"交易平台Ⅱ"单选按钮，单击"开始申请"按钮，如图 4-35 所示。

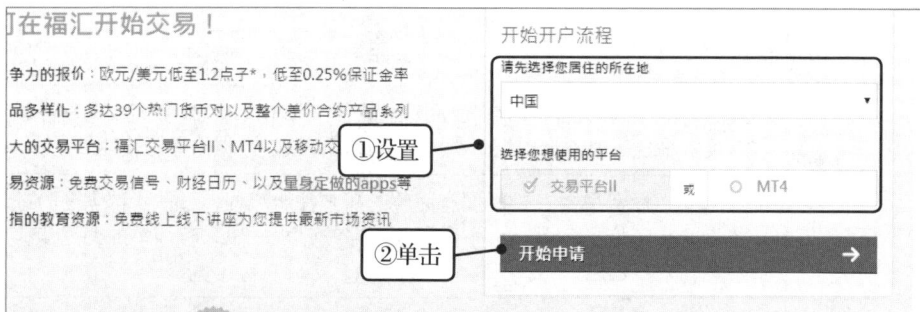

图 4-35 单击"开始申请"按钮

进入开户的开始页面中，依次设置姓氏、名字、邮箱地址，并选择货币，如图 4-36 所示。

图 4-36 设置账户信息

在"请选择开户方式"栏中选中"个人账户"单选按钮，然后单击"继续"
按钮，如图 4-37 所示。

图 4-37 选择开户方式

进入个人资料设置页面，在"个人资料"栏中依次对手机号码所在国家、
手提电话号码及电邮地址等信息进行设置，单击"继续"按钮，如图 4-38
所示。

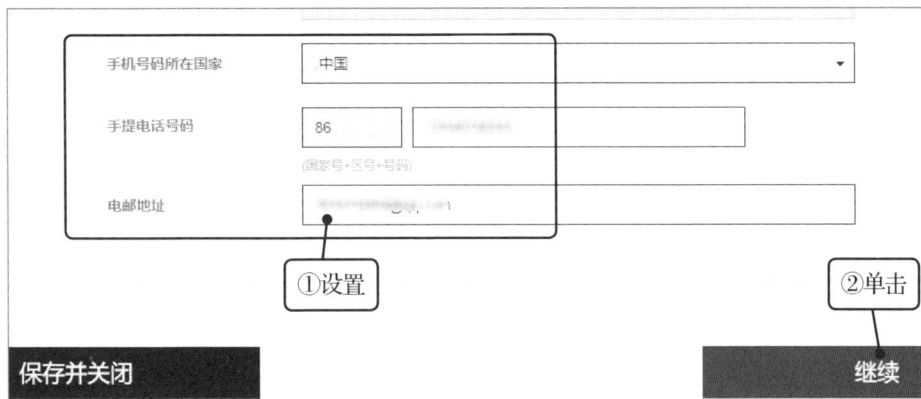

图 4-38 设置个人资料

根据提示完善个人资料和补充资料，进入协议和文件页面，依次对保安
问题、介绍经纪商和业务条款进行设置，然后单击"继续"按钮，如图 4-39
所示。

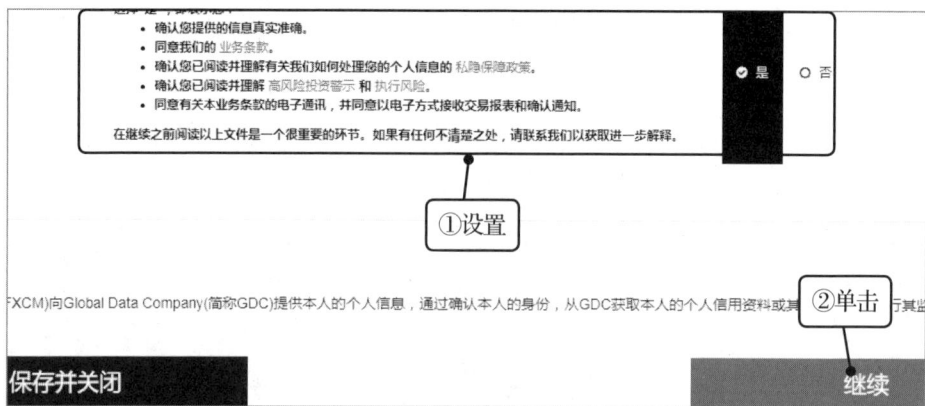

图 4-39 完善资料并阅读协议

此时，页面中会显示用户的详细信息，确认无误后单击"提交"按钮，即可完成开户操作，如图 4-40 所示。

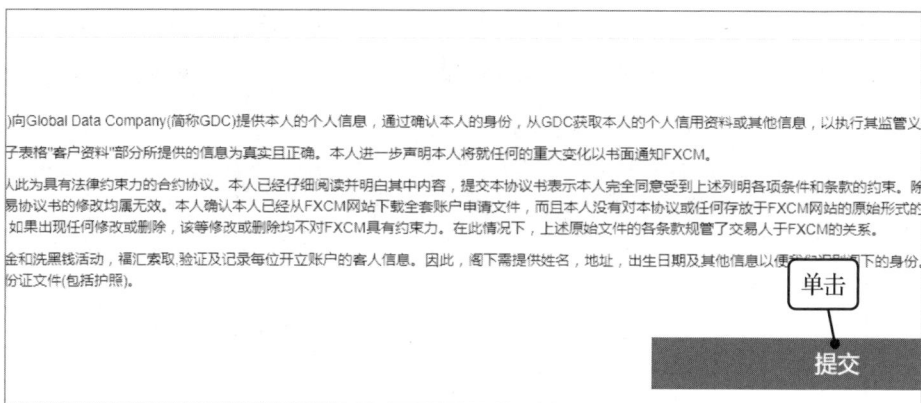

图 4-40 确认资料完成开户操作

第 **5** 章

外汇投资软件与手机炒外汇

除了上一章介绍的在网上银行或外汇投资网站上进行外汇投资之外，投资软件也是我们炒外汇必不可少的工具。本章我们就一起来认识一些热门的外汇投资软件与外汇手机软件。

5.1 外汇行情分析软件

网上的外汇投资软件有很多，行情分析软件是帮助我们对外汇的价格走势进行详细分析的软件，它不仅可以查看各个时段外汇的具体价格，而且还可以利用各类工具分析图形预判走势。

NO.001 下载安装易汇通行情分析软件

易汇通行情资讯终端集国内外贵金属市场、股票债券市场、期货市场及外汇市场的行情分析于一体，并提供世界各大交易所实时的行情指数，信息丰富全面。

实例分析

如何下载安装易汇通

进入易汇通官网（https://www.fx678.com/），在首页顶部单击"易汇通软件"按钮，如图 5-1 所示。

图 5-1 单击"易汇通软件"按钮

在打开的页面中单击"易汇通下载"按钮，在打开的"下载任务"对话框中设置下载保存的位置，这里保持不变，单击"下载"按钮，如图 5-2 所示。

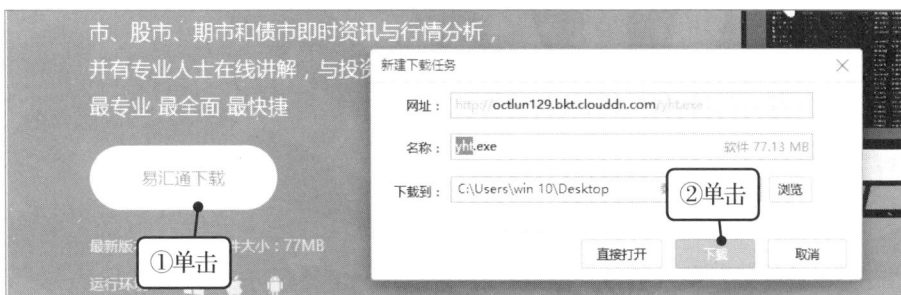

图 5-2 下载安装程序

　　系统开始自动下载，下载完成后找到下载的安装程序，双击该程序文件，在打开的对话框中单击"下一步"按钮，如图5-3所示。再根据向导依次单击"下一步"按钮即可完成安装。

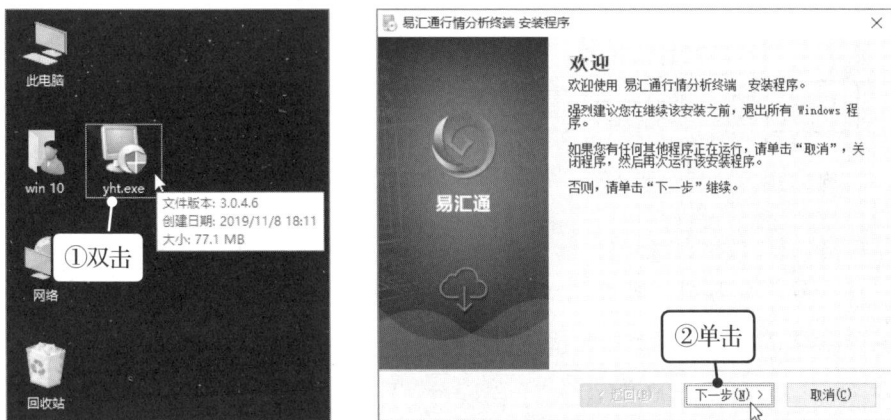

图 5-3 安装下载的易汇通软件

理财贴士 *不同的下载方法*

在下载软件的时候，可以直接单击"下载"按钮使用网页下载，也可以使用迅雷等下载工具进行下载。下载完成后，只要在相应位置找到安装软件进行安装即可。

NO.002　在易汇通上看外汇行情

　　和在网页上操作一样，查看行情是投资外汇的第一步。下面我们就来看看在易汇通行情软件上如何查看外汇行情走势。

实例分析

如何查看外汇行情

进入易汇通软件,在左侧选择"外汇"选项卡,在下方的外汇种类选项中单击外汇种类标签,如单击"交叉盘"标签,在行情页面即可查看到详细的外汇选项,双击需要查看的外汇名称,如图5-4所示。

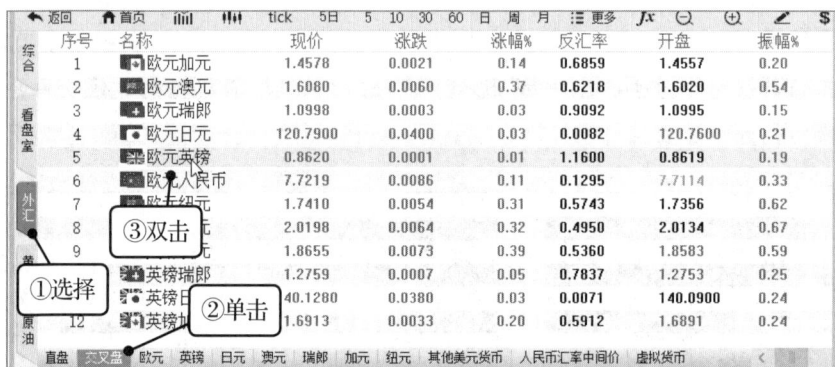

图 5-4 双击外汇名称

进入外汇分时图,可看到一个交易日内的外汇走势行情,在最右侧可查看最新的盘口信息。将鼠标光标指向图中,可看到该时间点的详细数据,如图5-5所示。

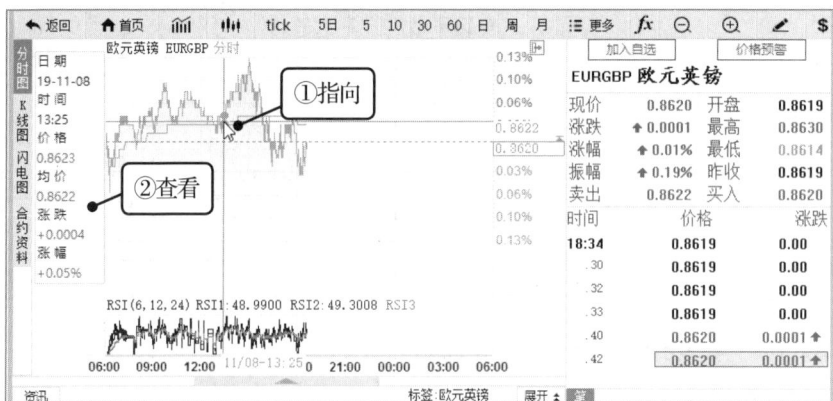

图 5-5 查看外汇分时图

选择左侧的"K线图"选项卡进入价格的日K线图,按【←】键后,将鼠标光标移动到任何一根K线,即可看到该交易日的详细数据,如图5-6所示。

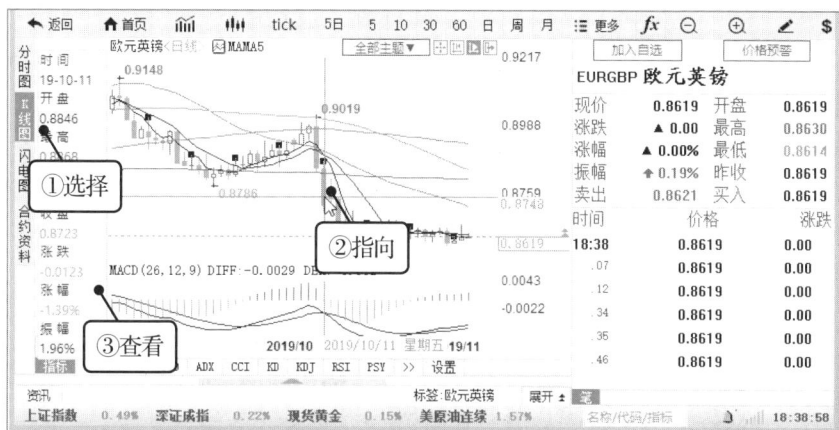

图 5-6 查看外汇K线图

在K线图中,单击上方的放大或缩小按钮,可放大/缩小K线图的显示区域,同时在键盘上按【←】、【→】键可精确移动十字光标,如图5-7所示。

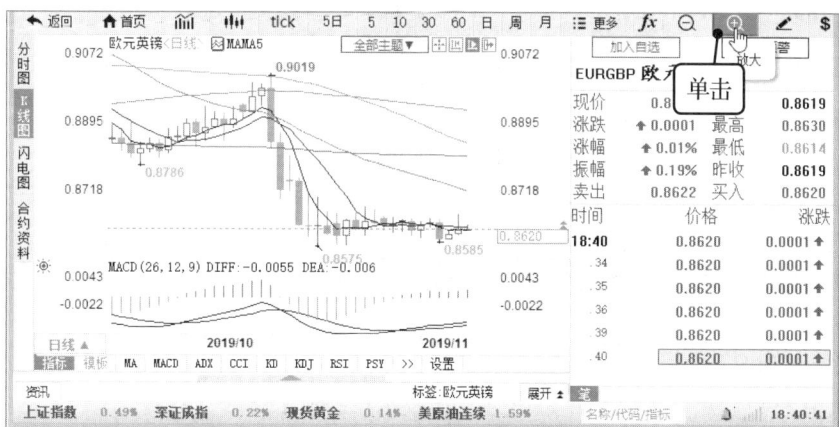

图 5-7 外汇K线图中的基本操作

在下方单击"资讯"按钮,在展开的"资讯浏览"窗格中列示了在该交易日内最新的外汇资讯,单击对应的资讯超链接即可打开一个窗口,查看详细的资讯信息,如图5-8所示。

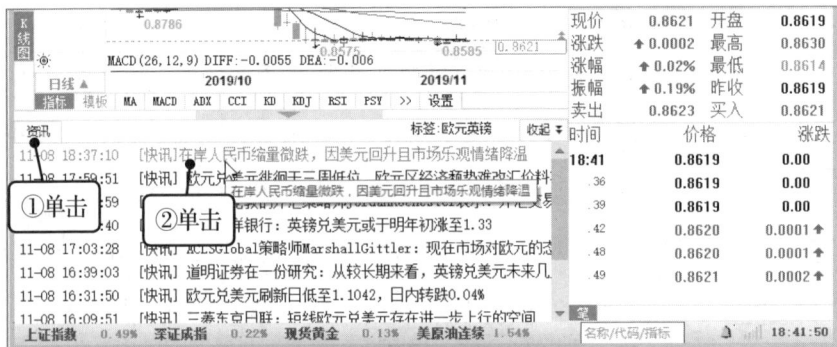

图 5-8　查看外汇资讯

NO.003　如何查看趋势线与技术指标

在分析外汇价格的时候，使用不同的趋势线与技术指标是非常重要的。那么如何在行情软件中设置不同趋势线和技术指标呢？

实例分析

修改移动平均线参数

进入外汇 K 线图中，会看到很多不同颜色的线条，这就是移动平均线。此时如要修改参数，则双击左上角的移动平均线的参数数字，如图 5-9 所示。

图 5-9 双击移动平均线参数数字

在打开的对话框中设置移动平均线的显示周期参数，如这里将 200 日均线更改为 240 日均线，修改周期后即可实时在 K 线图中预览，单击"保存"按钮即可保存更改的设置，如图 5-10 所示。

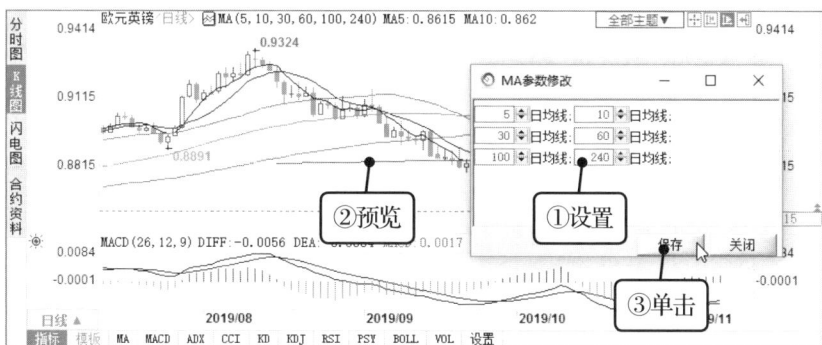

图 5-10 修改移动平均线参数

如果要查看其他趋势线，可进行如下的操作。

实例分析

显示其他趋势线

趋势线的种类有很多，要显示其他的趋势线，只需在软件的空白处单击鼠标右键，在弹出的快捷菜单中选择"常用指标"命令的子菜单中选择对应的趋势线子菜单命令，如图 5-11 所示。

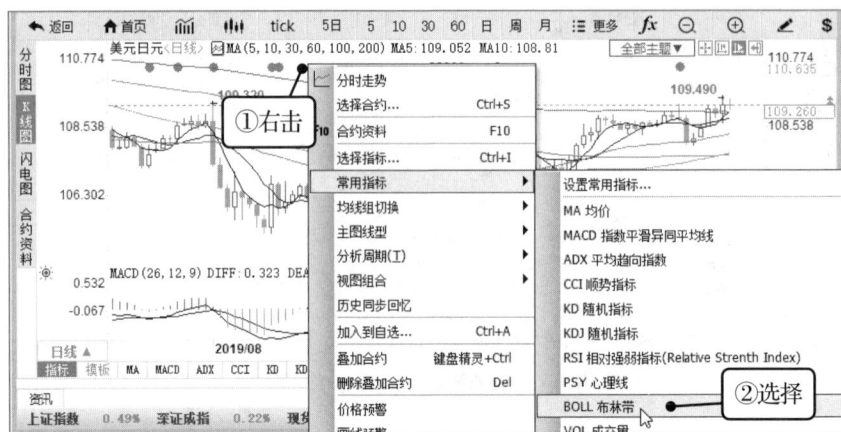

图 5-11 选择趋势线指标

重新回到 K 线界面中，就会看到程序已经显示了新的趋势线，如图 5-12 所示。

图 5-12 查看 BOLL 布林带趋势线

另外，查看技术指标的具体操作如下。

实例分析

如何查看技术指标

若要在易汇通软件中查看技术指标，只需在 K 线图形下方单击不同技术指标的标签即可，如图 5-13 所示。

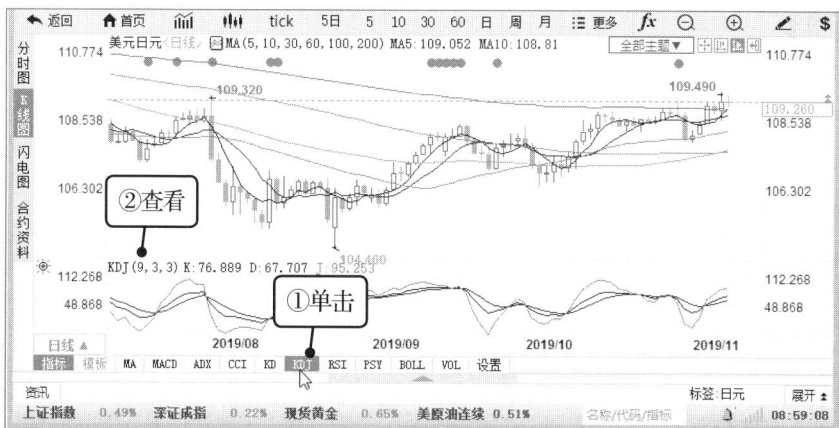

图 5-13 切换到 KDJ 指标

如果下方没有要查看的技术指标，只需单击"设置"按钮，在打开的对话框选择需要的指标，单击"添加"按钮，如图 5-14 所示，最后单击"确定"按钮即可将该指标添加到 K 线图下方的指标栏中。

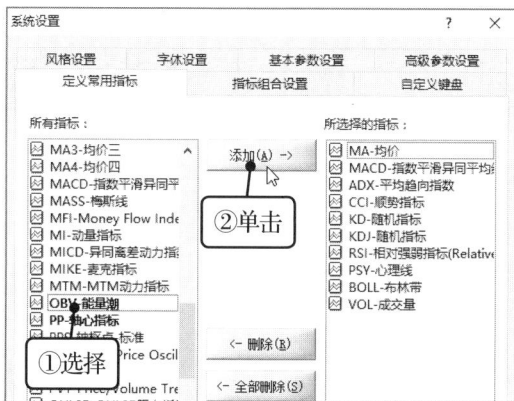

图 5-14 添加指标

NO.004　易汇通软件的画线工具

在分析 K 线图或分时图时，有时需要投资者画不同的辅助线，那么在易汇通软件中该如何画线呢？

如何在易汇通上画通道线

进入价格 K 线图中，在上方的工具栏中单击"画线工具"按钮，在 K 线图上方会看到被激活的画线工具栏，如图 5-15 所示。

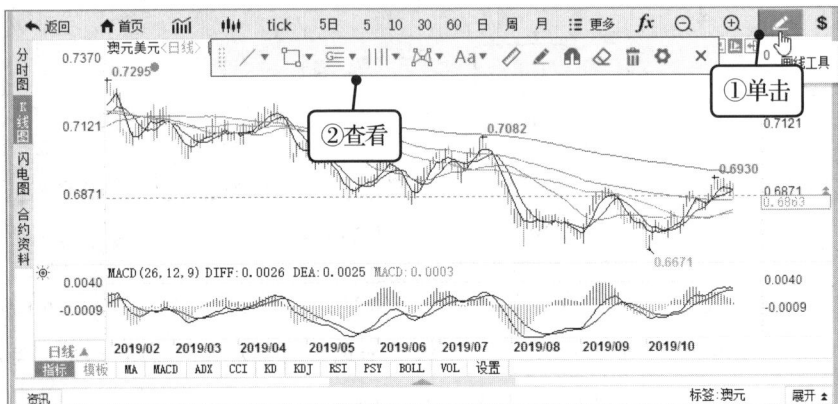

图 5-15 激活画线工具栏

在画图工具栏中选择要画的辅助线，如单击"趋势线"按钮右侧的下拉按钮，在弹出的下拉菜单中选择"通道线"命令，如图 5-16 所示。

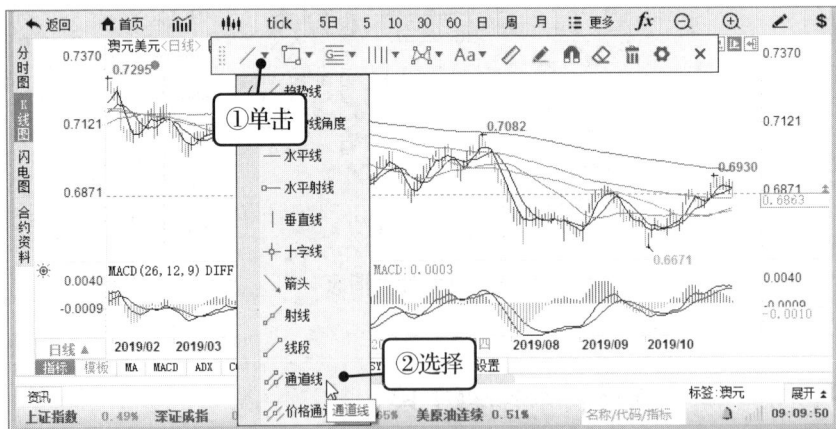

图 5-16 选择画线工具

此时将鼠标光标移动到 K 线图中，会看到鼠标光标变为笔形状，在第一个点位置单击鼠标左键确定通道线的第一个点，释放鼠标后将鼠标光标指向目标的第二个点位置，单击鼠标左键确定第二个点完成通道线上边线的绘制，如图5-17所示。

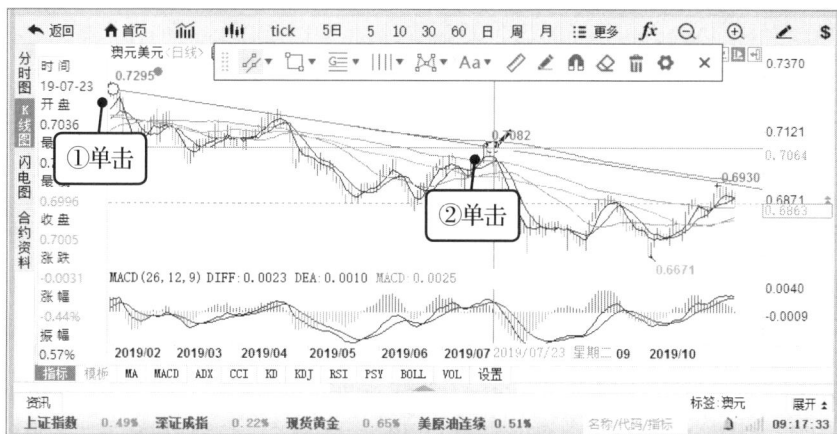

图 5-17 绘制通道线的上边线

向下移动鼠标光标，尽量使通道线的下边线经过的低点最多，确认后单击鼠标左键完成下边线的绘制，至此完成这轮下降行情的通道线的绘制，如图 5-18 所示。

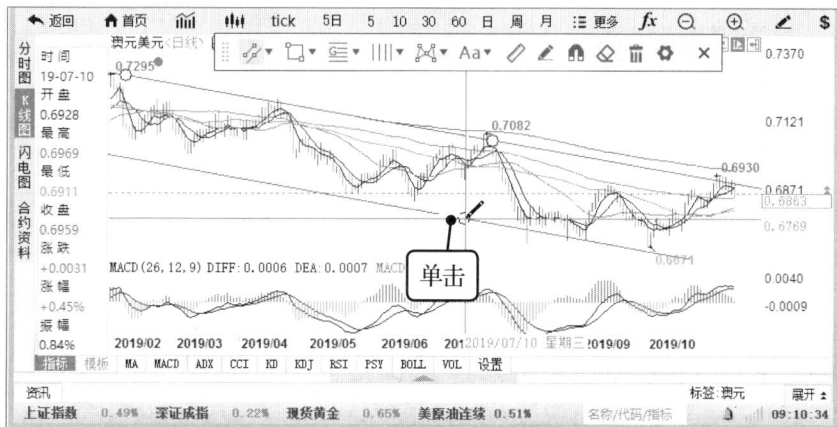

图 5-18 绘制通道线的下边线

NO.005 易汇通的外汇模拟交易

如果需要在易汇通上进行外汇的模拟交易，需要进行简单的注册和登录，下面一起来看看如何在易汇通上开通模拟交易。

实例分析

如何在易汇通上进行模拟交易

运行易汇通行情软件，在打开的登录窗口中输入相应的账号和密码，单击"登录"按钮（如果用户仅需要查看行情，可以直接单击"登录"按钮下方的"游客登录"按钮，如果用户没有账号和密码，可以单击"注册"按钮进行注册），如图 5-19 所示。

登录成功后即可进入到行情报价页面，单击"汇交易"按钮，如图 5-20 所示。

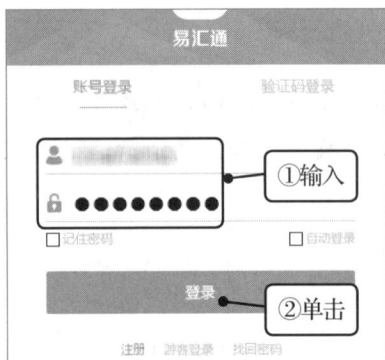

图 5-19 登录账户

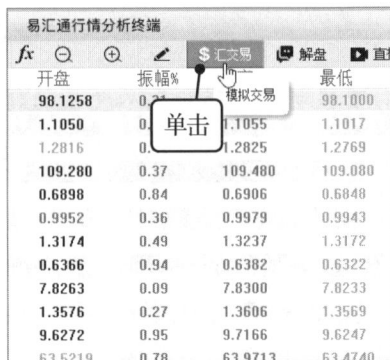

图 5-20 单击"汇交易"按钮

在窗口页面下方会打开账户窗格，在其中可以查看到当前账户的情况，单击右侧的"下单"按钮，如图 5-21 所示。

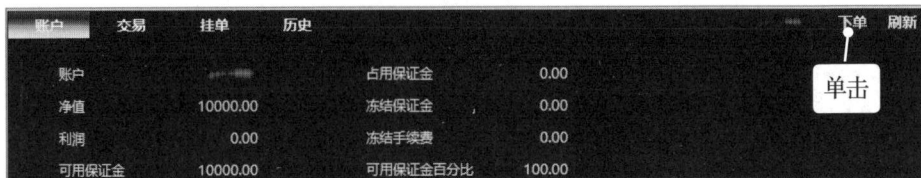

图 5-21 单击"下单"按钮

稍后，在打开的"市价建仓单"对话框中设置单据类型、交易品种和交易手数，如果要进行买入操作则选中"买入"单选按钮，再单击"提交"按钮完成建仓操作，如图5-22所示。如果要执行卖出操作，则需要选中"卖出"单选按钮。

稍后在打开的提示对话框中显示"新订单MarketOpen成功"的提示信息，表示完成买入操作，单击"确定"按钮，如图5-23所示。

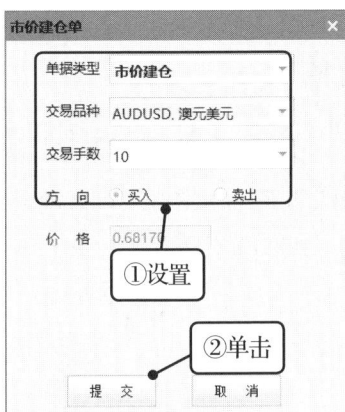

图5-22 买入操作

图5-23 确认订单

在返回的行情报价界面中即可查看到账户信息发生了变化，直接单击"交易"按钮，在切换的界面中可查看到账户当前的订单信息，其中详细显示了订单的时间、类型、手数、交易品种、商品名称、建仓价、止损、获利、持仓价、平均价、利润等信息，如图5-24所示。

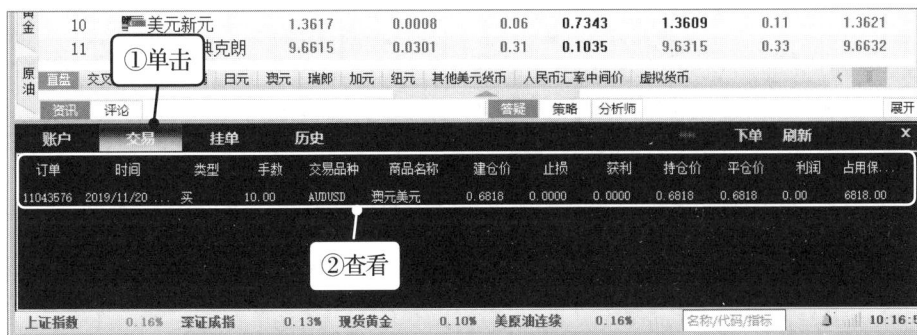

图5-24 查看交易情况

5.2 手机外汇软件

如今，越来越便捷的投资理财方式中，人们已经不再局限于在计算机上投资外汇了。在这样的环境下，丰富的外汇移动客户端软件开始流行起来，帮助人们随时随地完成外汇的投资。

NO.006　手机版易汇通查看外汇行情

手机版的易汇通行情软件名为汇通财经，是一款非常有用的手机客户端行情软件，可轻松查看国内、国际财经新闻，如要闻速递、财经要闻、经济指标、各国央行、汇市评论等信息。在计算机版本的易汇通下载页面中单击对应的运行环境按钮，在打开的页面中即可查看到各种版本的手机 APP 的下载链接，单击对应的按钮即可进行下载，如图 5-25 所示。

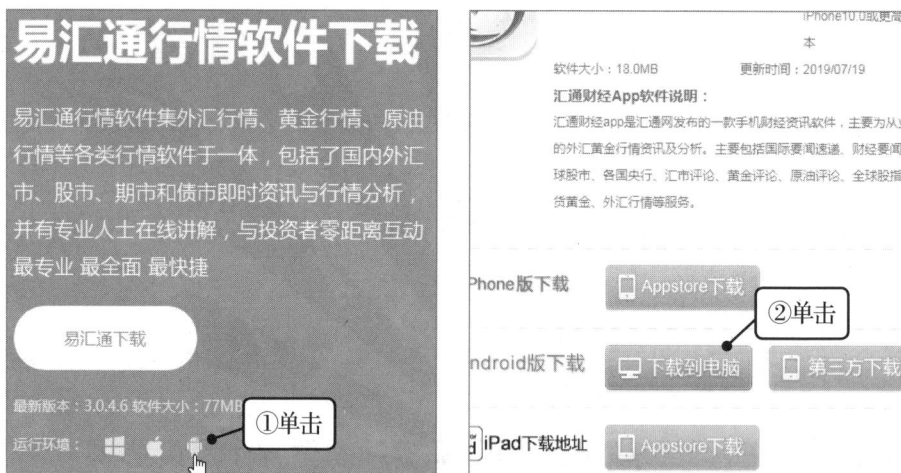

图 5-25 下载手机版易汇通软件

除了从网页中下载安装包到手机进行安装，投资者还可以直接从手机的应用商店中直接搜索"汇通财经"App 进行下载安装。相关的下载安装操作很简单，这里就不再进行介绍。

下面，我们通过实际的操作来看看手机版易汇通的具体使用。

实例分析

如何查看最新外汇牌价

进入手机版易汇通软件，会看到如5-26左图所示的页面，如果要查询外汇行情，则点击下方的"行情"按钮。

在打开的页面中选择上方的"外汇"选项，即可看到丰富的外汇产品及交易数据。在图中点击任何一种外汇选项，这里点击"欧元美元"选项，如5-26中图所示。

进入到该品种的分时图中，在其中可以查看该品种对应的分时走势，如5-26右图所示。

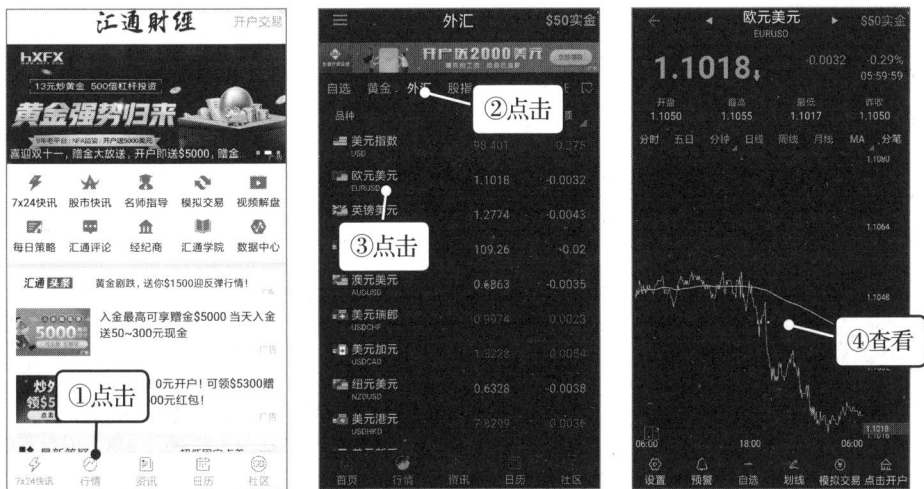

图 5-26 查看某一外汇品种的分时图

在手机屏幕上方还显示了不同周期的K线图按钮，例如点击"日线"按钮可以查看日K线图。如果点击"周线"按钮，可以将K线图的周期切换到周线，如图 5-27 所示。

如果要选择其他指标，点击"MA"按钮，此时将会弹出一个下拉列表，其中显示了更多的技术指标选项，选择需要的技术指标选项，如选择"KDJ"

选项，如图 5-28 所示。

图 5-27 切换周期

图 5-28 更改指标

返回 K 线图页面可以看到周 K 线状态下的 KDJ 指标，如图 5-29 所示。如果要查看日 K 线下的 KDJ 指标，再次点击"日线"按钮即可。

如果要对页面进行更多设置，可以点击下方"设置"按钮，在设置页面中直接进行设置即可，如图 5-30 所示。

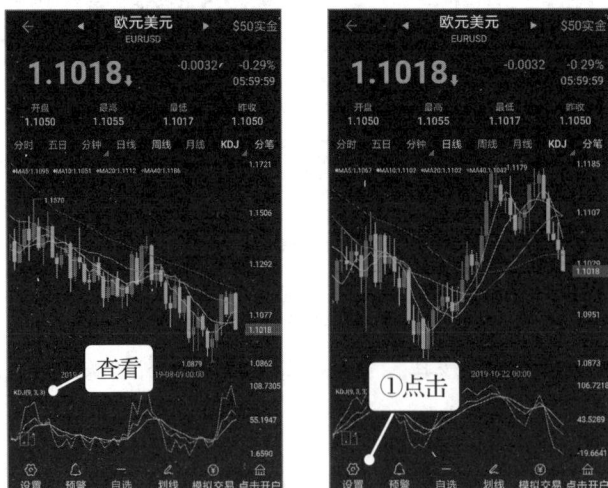

图 5-29 查看新指标

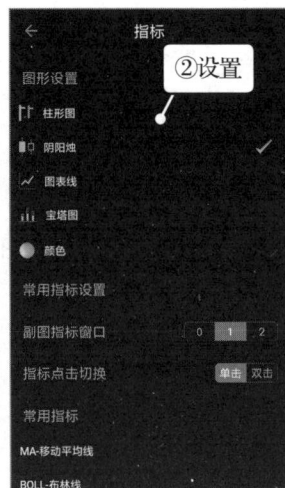

图 5-30 进行更多设置

NO.007　设置价格预警

利用手机炒外汇，是希望能够实时监控外汇变化，但是我们不可能随时盯着外汇盘面，如果此时使用手机易汇通则可以做到，在价格变化时自动发出警报。

实例分析

设置手机价格预警

进入价格分时图或 K 线图中，点击"预警"按钮，如图 5-31 所示。

在新打开的页面中设置价格预警，如输入价格涨幅为"2%"，选中其后的复选框，单击"完成"按钮，如图 5-32 所示。

图 5-31　点击"预警"按钮

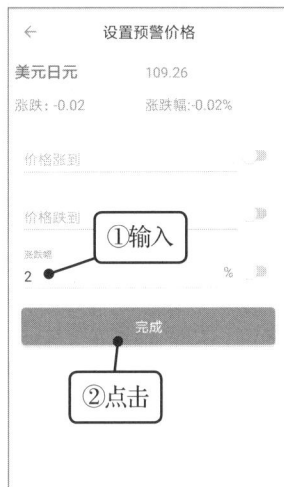

图 5-32　设置预警

NO.008　人民币兑换计算器

在手机版易汇通软件上，也有外币兑换计算器，可实时更新汇率，帮助投资者随时随地完成人民币兑换的计算工作。

实例分析

使用兑换计算器进行汇率换算

进入手机易汇通首页，点击"数据中心"按钮，在新打开的页面中点击"汇率换算"按钮，如图5-33所示。

图 5-33 点击"汇率换算"按钮

在打开的页面中即可查看到当前100元人民币能够兑换的外币的相应数额。如果要查看某一指定数额的外币能兑换多少人民币，直接点击该外币，在切换的页面中输入外币数额，在人民币栏的右侧即可自动显示等值的外币兑换人民币的数额，如图5-34所示。

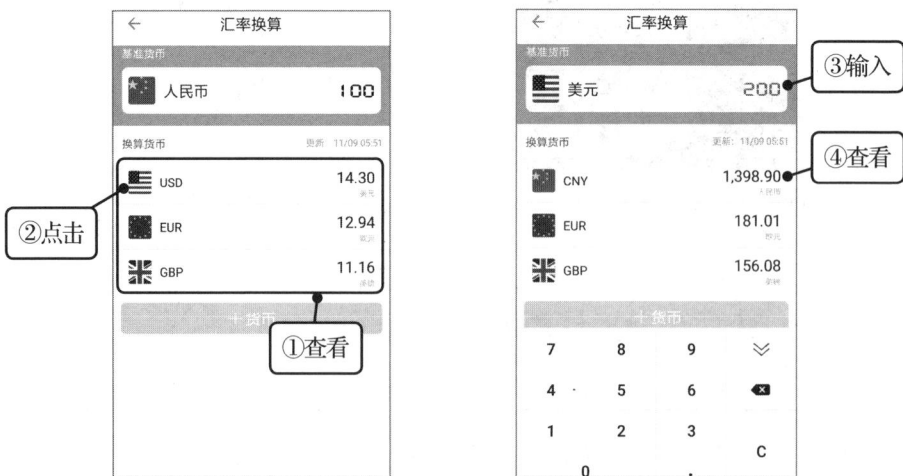

图 5-34 换算汇率

第 **6** 章

各大银行的外汇投资业务

通过前面两章的学习，我们认识了网上银行与投资机构投资外汇的基础操作。就银行来说，各家银行的服务有所不同，那么国内投资者在银行买卖外汇应该如何选择呢？在本章中，将对其进行讲解。

6.1 国有银行的外汇投资业务

传统的四大国有银行是中国工商银行、中国银行、中国农业银行与中国建设银行。这四家银行都有各自的外汇投资业务，下面我们就来详细认识它们。

NO.001 中国银行外汇业务

中国银行作为国有四大银行之一，在对外业务特别是外汇业务上占有较高的市场份额，人们进行外币兑换等金融活动一般都会在中国银行进行。

中国银行的外汇业务被称为外汇宝，是中国银行个人实盘外汇买卖业务的简称。它指在中国银行开立本外币活期一本通存折且持有外币现钞（汇）的客户，可以按照中行报出的买入 / 卖出价格，将某种外币（汇）的存款换成另一种外币（汇）的存款。中国银行的外汇宝业务有如下所示的交易要点。

- **交易渠道：**投资中国银行外汇宝业务的渠道有很多，包括柜台交易、电话交易、自助终端和中国银行网上银行。
- **交易方式：**中国银行外汇宝有即时买卖和挂单委托两种方式，同时实行"T+0"模式，可随时进出场。
- **交易时间：**星期一早8点至星期六凌晨3点为交易时间（每日凌晨3点至4点除外）。
- **交易币种：**中国银行外汇宝所支持的币种比较多，目前有美元、欧元、英镑、澳元、港币、瑞士法郎、日元、加拿大元、新加坡元，都可做直接盘交易与交叉盘交易。
- **投资门槛：**中国银行设定的外汇宝交易门槛也比较低，只需100美元或等值外币即可进行交易。
- **交易方向：**中国银行的外汇宝业务实行双向交易，可买入开仓也可以卖出开仓，价格涨跌都有机会获利。

除了外汇宝之外，中国银行的个人外汇业务也非常丰富。图6-1所示业务每日均可以在中国银行柜台或网上银行办理。

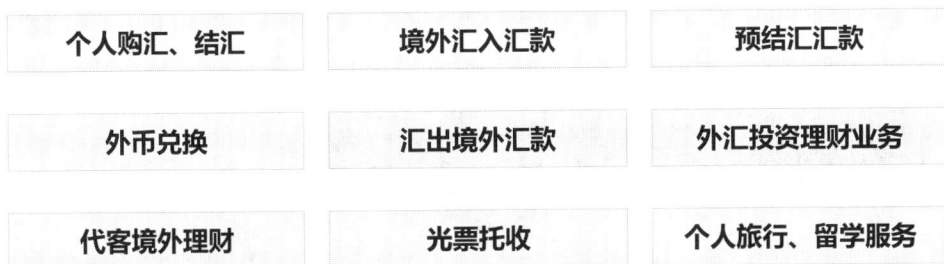

个人购汇、结汇	境外汇入汇款	预结汇汇款
外币兑换	汇出境外汇款	外汇投资理财业务
代客境外理财	光票托收	个人旅行、留学服务

图 6-1 中国银行外汇业务

下面，我们就以查看外汇牌价为例，来看看如何在中国银行网上查看外汇牌价。

实例分析

在中国银行查看外汇牌价

进入中国银行网上银行首页（http://www.boc.cn/），在导航栏中单击"金融市场"超链接，如图 6-2 所示。

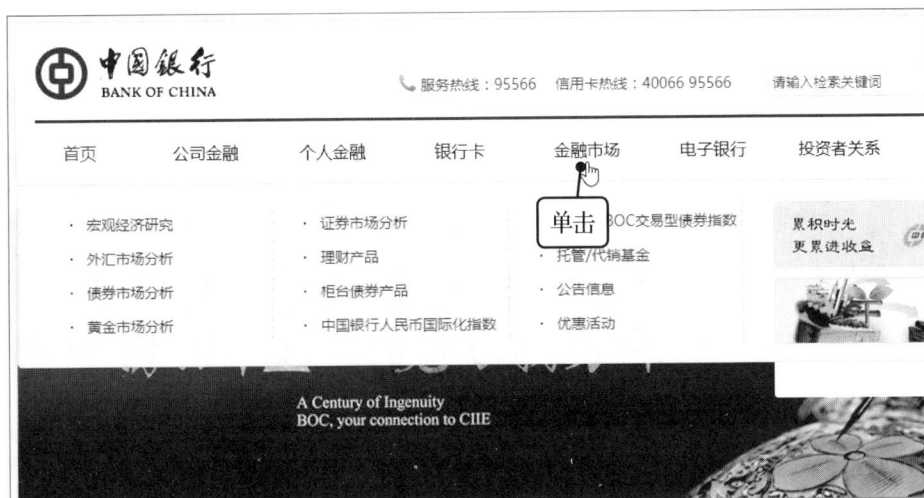

图 6-2 单击"金融市场"超链接

在新打开的页面中可以在右侧看到一些外汇牌价，要想查看更多更详细的外汇牌价，单击"外汇牌价"超链接即可，如图 6-3 所示。

图 6-3 单击"外汇牌价"超链接

在新打开的页面中就可以看到最新的外汇牌价了，如图 6-4 所示。投资者也可以在该页面中设置起止时间和牌价类型，查看指定时间段中特定货币的外汇牌价。

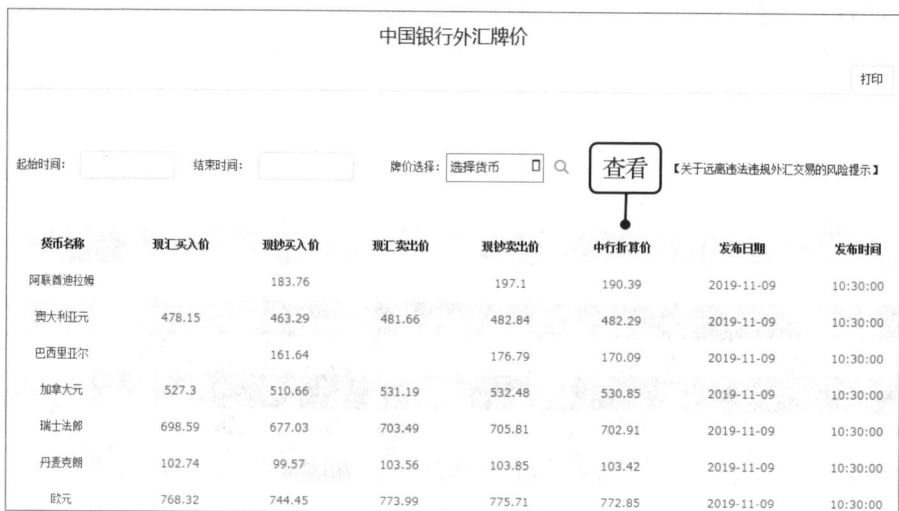

图 6-4 查看外汇牌价

除了如上的方法以外，还可以在中国银行官网的首页找到"金融数据"栏，在其中单击"中国银行外汇牌价"超链接也可以查看该银行的最新外汇牌价数据，如图 6-5 所示。

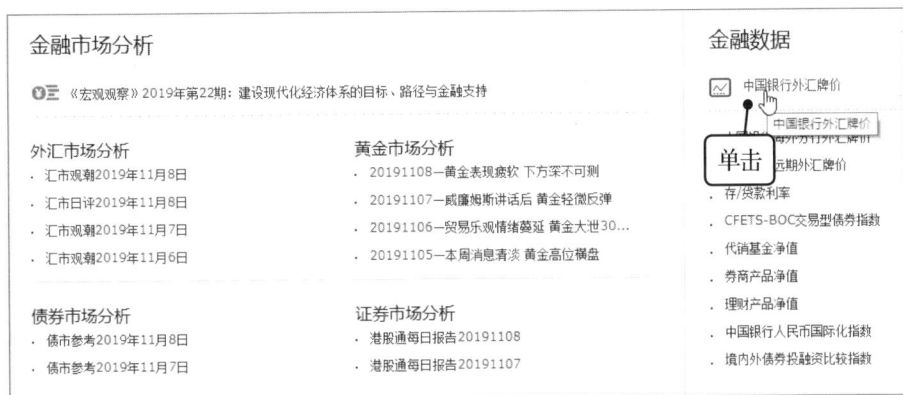

图 6-5 单击"中国银行外汇牌价"超链接

NO.002 农业银行外汇业务

农业银行的外汇投资业务同样被称为外汇宝，指个人投资者以持有的农业银行借记卡或存折内的活期外汇储蓄存款余额，在规定的交易时间内，通过农业银行指定的营业机构柜面或提供的其他交易途径，按公布的外汇宝交易报价，把一种外汇币种买卖成另一种外汇币种的业务。

农业银行的外汇宝业务，目前主要有表 6-1 所示的 3 个交易特点。

表 6-1

特点	说明
币种多样	农业银行外汇宝交易币种有美元、欧元、英镑、港币、日元、澳大利亚元、加拿大元、瑞士法郎、瑞典克朗等多个外币币种
方式多样	可通过柜台、自助终端、电话银行、网上银行等多个渠道进行外汇宝交易，并且实行 24 小时"T+0"不间断交易

续表

特点	说　明
指令多样	交易方式分为市价交易和委托交易两种，委托交易又分别有获利委托、止损委托、双向委托、多重委托、连环委托等多种委托交易功能

与其他的银行一样，农业银行除了外汇宝与结售汇等外汇服务之外，也有自己的外汇挂牌牌价。下面就来看看如何在农业银行网上银行查看外汇牌价。

实例分析

在农业银行查看外汇牌价

进入中国农业银行网上银行首页（http://www.abchina.com/cn/），在上方的菜单栏中选择"个人服务"选项卡。在打开的页面中单击"外汇"超链接，如图 6-6 所示。

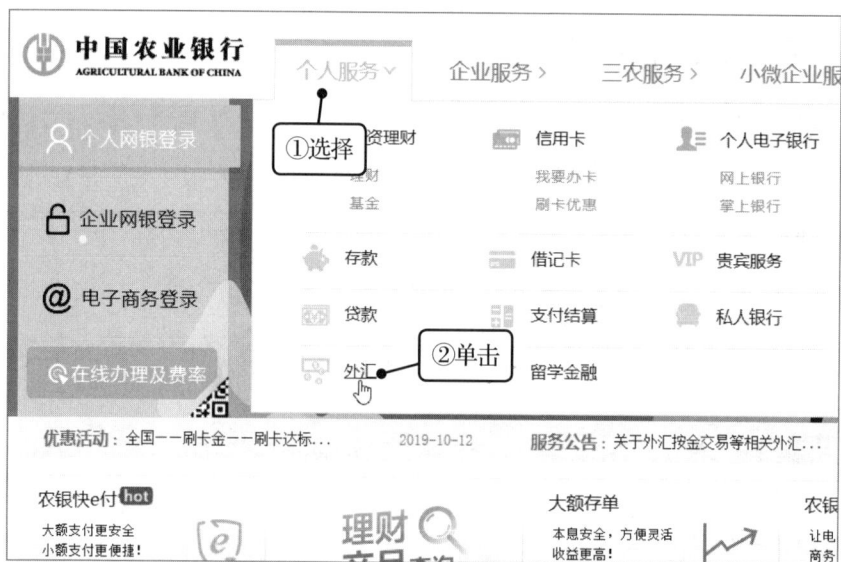

图 6-6　单击"外汇"超链接

进入农业银行外汇投资页面，在左侧的"外汇工具箱"栏中单击"外汇行情"超链接，如图 6-7 所示。

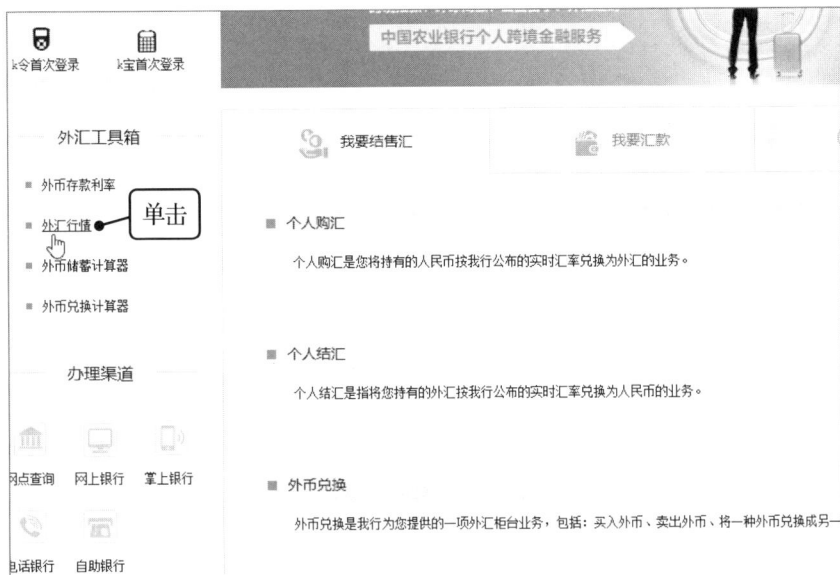

图 6-7 单击"外汇行情"超链接

在打开的操作界面中的左侧可以看到最新的农业银行外汇牌价，如果要查看更多的外汇牌价，可单击"更多"按钮，如图 6-8 所示。

图 6-8 查看外汇牌价

在打开的界面中即可查看到更多的外汇牌价信息，如图 6-9 所示。

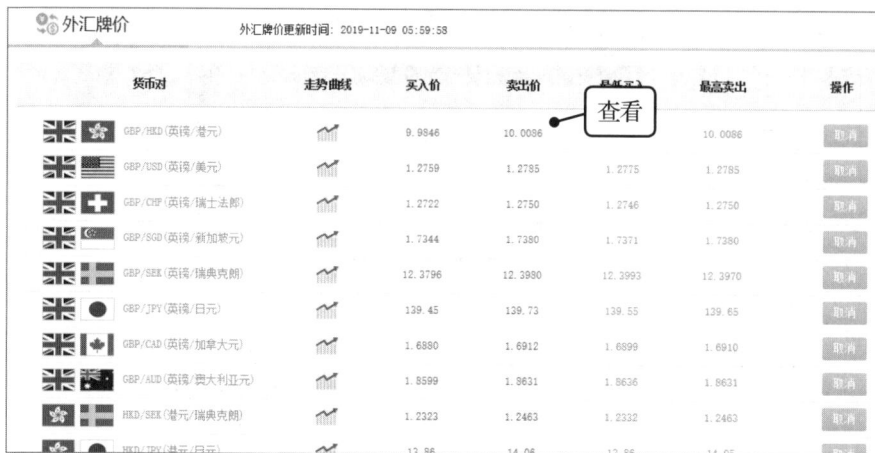

图 6-9 查看外汇牌价

NO.003 建设银行外汇业务

作为国有四大银行之一的中国建设银行，同样有自己的外汇投资产品。建设银行和其他银行的外汇投资不同，它没有具体的名称，其中部分地区银行则将其称为"乐汇宝"。

建设银行的个人外汇买卖投资业务，是指建设银行接受个人客户委托，为其办理两种可自由兑换货币之间的买卖，以规避汇率风险，达到个人外汇资产保值增值目的的一种业务。具体有表 6-2 所示的特点。

表6-2

特点	说 明
交易币种	建设银行的外汇买卖业务支持的币种比较多，有美元、日元、港币、英镑、欧元、瑞士法郎、加拿大元、澳大利亚元、新加坡元、瑞典克朗、丹麦克朗和挪威克朗等
交易指令	投资者可选择实时交易或委托交易两种形式，挂单成交时，如某一时刻建设银行的牌价符合挂单成交条件则成交，否则该笔挂单在客户指定的挂单有效时间内或周末交易结束时自动失效

续表

特点	说 明
交易时间	建设银行的外汇交易比较分散，柜台、自助终端交易时间为周一至周五9:00 ~ 18:00。电话交易、网上交易、手机交易时间为周一早7:00至周六凌晨4:00
投资渠道	只要是在建设银行开立了外汇存款账户的居民个人，经审核同意，即可根据建设银行公布的外汇牌价，通过建设银行营业前台、电话银行或网上银行、自助终端、手机银行进行两种外汇之间的实盘买卖
投资方式	在建设银行投资外汇，需要区分不同地区的银行，目前福建、江苏等10多个省市都有自己专用的建设银行外汇投资平台。在该平台上，实行24小时"T+0"双向交易

和前面一样，除了投资之外，我们再来看看如何在建设银行网上银行查看外汇牌价。

实例分析

在建设银行查看外汇牌价

进入中国建设银行网上银行首页（http://www.ccb.com/），将鼠标光标选择"投资理财"选项卡，在展开的面板的"外汇投资"栏中单击"外汇行情"超链接，如图6-10所示。

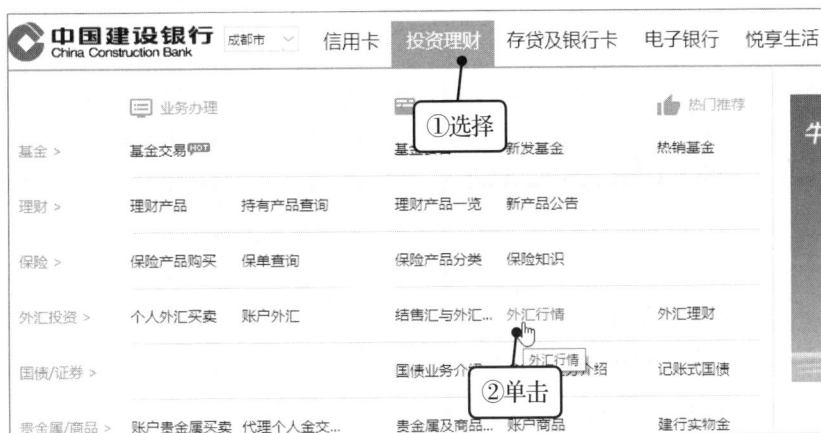

图6-10 单击"外汇行情"超链接

在新打开的页面中即可看到最新的建设银行外汇牌价，包括结售汇参考牌价、外汇买卖参考牌价，如图 6-11 所示。

外汇行情

币种	现汇买入价	现汇卖出价	现钞买入价	现钞卖出价	发布时间	走势图	操作
美元	6.9814	7.0122	6.9331	7.0122	2019-11-09 09:29:01		购汇 结汇
欧元	7.6846	7.7363	7.4626	7.7363	2019-11-09 09:29:01		购汇 结汇
英镑	8.9041	8.9711	8.6495	8.9711	2019-11-09 09:29:01		购汇 结汇
日元	0.063813	0.0643	0.061988	0.0643	2019-11-09 09:29:01		购汇 结汇
港币	0.8921	0.8957	0.8859	0.8957	2019-11-09 09:29:01		购汇 结汇
澳大利亚元	4.7843	4.8203	4.6475	4.8203	2019-11-09 09:29:01		购汇 结汇

图 6-11 查看外汇牌价

6.2 商业银行的外汇投资业务

随着我国银行业的发展，越来越多的商业银行逐渐发展壮大。那么这些银行都有哪些外汇投资业务呢？

NO.004 招商银行外汇业务

招商银行是我国商业银行中外汇业务发展比较领先的，旗下的外汇通业务，即个人实盘外汇买卖业务，是指个人客户委托招商银行把一种可自由兑换的外币兑换成另一种可自由兑换的外币，招商银行在接受客户委托后，即参照国际金融市场行情制定相应汇率予以办理。

招商银行提供交易的外币有很多，包括港币 HKD、新西兰元 NZD、澳大利亚元 AUD 、美元 USD、欧元 EUR、加拿大元 CAD、英镑 GBP、日元 JPY、新加坡元 SGD、瑞士法郎 CHF 等。

在交易上，招商银行外汇通有如图 6-12 所示的要点。

投资收益

外汇通帮助投资者拓宽个人外币投资渠道；获取国际金融市场变动而带来的汇差收益，并且从中获取不同币种不同利率而带来的利差收益。

起点金额

起点金额为日元 1 000 元，港币 78 元，美元等其他币种均为 10 元。单笔卖出委托金额上限为日元 4 000 万元，港币 400 万元，美元等其他币种均为 50 万元。

交易时间

招商银行外汇通业务的交易时间从北京时间周一早晨 8:00 至周六 5:00 点，实行 24 小时交易。

交易指令

招商银行提供即时委托、挂盘委托、止损委托、二选一委托、追加委托和撤单委托共 6 种委托指令。

价格优惠

招商银行对每一种汇率组合均可提供基本价、优惠价、大额价、贵宾价和至尊价五档报价。不同的投资金额与组合享受不同的优惠档次。

图 6-12 招商银行外汇交易要点

NO.005 广东发展银行外汇业务

广东发展银行是地方性的商业银行，在国内有很强的发展势头。它将传统的银行外汇宝投资业务整理创新，形成了新外汇宝。

所谓新外汇宝，就是广东发展银行的个人实盘外汇买卖，是指客户在银行开立账户，通过银行电子化服务系统，将一种外币买卖成另一种外币的业务。

个人实盘外币买卖客户只能在账户余额内按实际款项进行买卖。

在产品特点上，新外汇宝有如图 6-13 所示的交易特点。

钞汇同价

广发新外汇宝账户，各种交易品种一户通用，转入资金后即可交易，并享受钞汇同价。

起点金额

交易起点金额为 100 日元、100 港币，其他币种交易无起点金额限制，不收取任何额外费用或手续费。

优惠服务

如果投资者的单笔交易量达到一定金额，则可享受不同档次的优惠报价服务，价格更具竞争力。

投资方式

起息日采取"T+0"方式，即可以把当天买入（卖出）的货币当天卖出（买入），不限交易次数。

交易币种

交易币种齐全，包括美元、港币、日元、欧元、英镑、澳大利亚元、加拿大元、瑞士法郎。

交易渠道

全面支持电话交易、网上交易、自助交易和柜台交易，保证投资者可 24 小时进行网上与电话交易。

图 6-13 广东发展银行外汇交易特点

理财贴士 *如何投资广东发展银行新外汇宝*

投资者要投资新外汇宝，只需到银行柜台签订相关协议，银行会发给投资者印有客户号的外汇宝业务客户证，并在该客户号下自动开通外汇宝保证金户和外汇债券托管专户，并办理约定转账账户，完成后即可开始投资了。

第 **7** 章

外汇的基本面分析

当一切准备工作就绪之后，我们就可以着手分析外汇了。想要进一步走进汇市成为外汇投资高手，就要学会对价格的走势进行分析，而分析的第一步，就是从基本面的角度来预判汇市。

7.1 认识什么是基本面

外汇的价格变化是受多种因素影响的，这其中包括国家经济发展水平、国际对外政策等都是直接改变外汇价格的条件。因此我们要投资外汇，就需要学会分析这些内容并预判汇市的走势。

NO.001 基本面分析的内容

所谓基本面，简单说就是影响产品价格的因素，它一般有两层意思。

从广义上来讲，基本面是指对宏观经济、行业和公司基本情况的分析，包括公司经营理念策略、公司报表等，它包括宏观经济运行态势和上市公司基本情况。

而从投资理财角度来说，基本面就是从国家经济数据、经济政策、其他市场、客观条件等多方面来分析投资的产品。

就外汇投资来说，外汇投资的基本面主要有图 7-1 所示的内容。

国内生产总值	国内商品供求	对外贸易情况
通货膨胀	国内经济政策	贸易结算
客观国际局势事件	国外经济运行水平	经济周期
国内多存贷利率	心理因素	黄金储备

图 7-1 外汇基本面分析的主要内容

对外汇基本面的分析，就需要从上面的内容出发，然而外汇是国与国之间的投资产品，所以我们经常用到的基本面分析包括宏观经济指标、资本市场、政治因素的研究以及国内政治经济形式的研究。

NO.002 基本面分析的优势

我们知道基本面的内容是影响外汇价格的重要因素，那么分析基本面会为外汇投资带来什么好处呢，具体如图 7-2 所示。

预判行情	通过对基本面的分析，可以预判未来经济环境的走势，从而帮助研判外汇价格未来的涨跌。
下单时机	通过对基本面内容的分析与研究，可以有效地掌握外汇的进场、出场时机，实现盈利。
稳定心理	对基本面的分析，可以让投资者更加稳定投资心理，从宏观的角度面对投资中的价格涨跌。
外汇选择	通过对基本面的分析，我们可以了解各国之间的贸易情况等内容，从而判断当前适合投资哪种外汇。
避免受骗	要避免上当受骗，主要体现在对外汇市场不同资讯的分析能力上，以免因为盲目跟风而造成损失。
投资分析	系统的基本面分析，可以帮助投资者更加全面地把握外汇投资市场的变化，从而做出相应的变动。

图 7-2 外汇基本面分析的好处

NO.003 基本面分析的弊端

有优势自然也有劣势，在分析基本面的时候，一定要注意表 7-1 所示的基本面弊端，否则将很容易造成判断错误。

表 7-1

弊端	描 述
滞后性	基本面的变化一般赶不上外汇价格的变化，在任何一次市场发生趋势性转变的时候，我们了解的基本面信息传递的信息还处于原来大趋势中，然而此时市场已经改变运行方向了，当基本面传递变化信号的时候，可能为时已晚
变化性	基本面虽然可以分析价格，但它本身也是动态变化的，这使得基本面的变化和市场价格一样无法预测。未来的市场价格由未来的基本面情况决定，而不是由目前的基本面情况决定，我们无法用目前所掌握的静态基本面来分析动态变化的市场
片面性	虽然我们知道基本面要分析哪些内容，但是没有人可以全面、及时地掌握基本面的所有信息与数据。投资者所掌握的基本面资料永远是不全面的，因此，用所掌握的基本面内容进行外汇价格分析，可能会造成结果的偏离

NO.004 基本面分析的流程

虽然每一种基本面内容是不同的，但分析的目的与方法却是一样的。下面列举了基本面分析所要经历的基本流程，具体如图 7-3 所示。

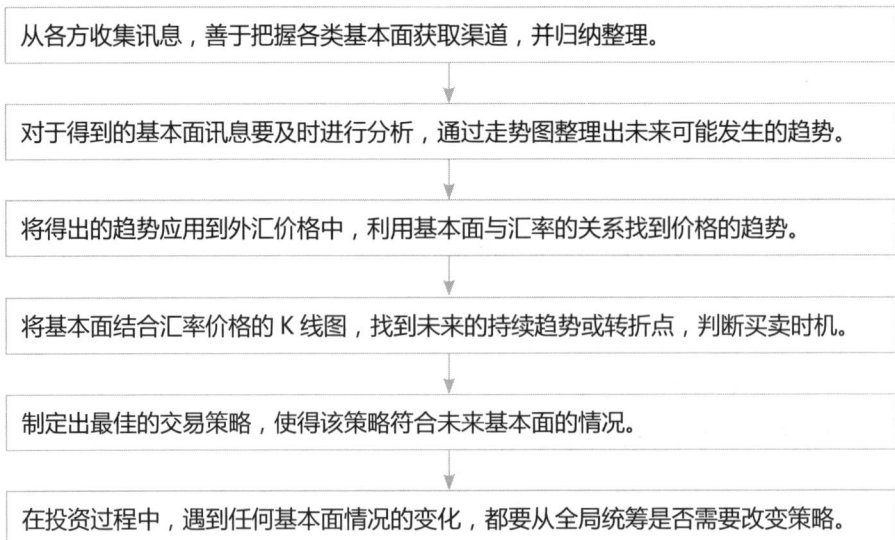

从各方收集讯息，善于把握各类基本面获取渠道，并归纳整理。

↓

对于得到的基本面讯息要及时进行分析，通过走势图整理出未来可能发生的趋势。

↓

将得出的趋势应用到外汇价格中，利用基本面与汇率的关系找到价格的趋势。

↓

将基本面结合汇率价格的 K 线图，找到未来的持续趋势或转折点，判断买卖时机。

↓

制定出最佳的交易策略，使得该策略符合未来基本面的情况。

↓

在投资过程中，遇到任何基本面情况的变化，都要从全局统筹是否需要改变策略。

图 7-3 外汇基本面分析的基本步骤

使用以上的基本面分析步骤，最好注意如下的一些细节。

◆ 日常要注意关注各类财经新闻，对突发事件要有敏感性，对节假日、
重要经济数据的发布要格外留意。

◆ 善于总结并举一反三，学会将不同的基本面信息应用到不同的外汇产
品中。

◆ 不可完全相信基本面，需要将基本面与技术面相结合。

◆ 对市场中出现的小道消息，要有辨别与筛选的能力。

NO.005 基本面分析要点

面对上一节内容中介绍的流程，我们应该掌握哪些基本面分析中的要点与
技巧呢？下面就简单来认识一些。

（1）需要整理哪些经济信息

前面说到投资外汇必须要掌握非常丰富的信息，那么投资者该从哪些渠道
去尽可能多地收集投资信息呢？具体有如下一些渠道。

◆ 世界外汇交易市场及其官方网站所发布的公告、政策、投资资讯。

◆ 外汇经纪公司网站向投资者发出的通知、投资软件的基本面分析。

◆ 国家大事、国际政治格局、自然灾害等新闻。

◆ 国家定期发布的经济数据。

◆ 市场上的小道消息。

◆ 投资者的个人心理预期。

（2）不要只依赖某种基本面

每一种基本面内容都会对外汇的价格产生影响，那么我们应该如何进行决
定呢？

首先，需要结合多种因素进行综合分析，不要只依赖于一种或几种基本面
内容。

其次，当某两种因素发生冲突的时候，需要以对外汇影响更强、市价更近、未来发展更强的因素为基础。

另外，一旦基本面发生变化，过去得出的结论就应该作废，重新进行分析。

（3）结合自身实际投资情况

基本面产生的影响只针对汇率，但对于个人投资者而言，如果忽略了个人投资的实际情况，可能会造成现实与预期相反的情况。

针对不同情况下如何利用基本面分析外汇，我们可以来看如下案例。

实例分析

不同基本面情况下的个人外汇投资

当人民币由升值到贬值发生巨大转变时，在一定程度上会提升个人外汇投资理财的热情。

但世上没有免费的午餐，外汇投资除了信用风险，投资者还需承担汇率风险，所以个人在外汇投资理财中应高度重视对"安全性""流动性"和"收益性"的综合权衡，避免受高收益诱惑而忽视潜在风险。

我国个人投资者在这方面是有惨痛教训的。次贷危机爆发前，QDII产品一度在我国大受追捧，大量投资者在海外投资高收益的诱惑下重金投入，但随着次贷危机爆发，QDII产品几乎全军覆没，收回本金的本就凤毛麟角，更不要提梦想中的高收益了。

我国多数普通百姓作为外汇市场投资的新手，面对波诡云谲的国际市场，应以保本为先，谨慎投资。在收益高的优质资产越来越少的环境下，选择置业总比攥紧人民币要强得多。

因此，在国内楼市限购不断升级的情况下，国人对海外置业的购买热情日趋高涨，而海外置业就更需要使用到外汇了。

7.2 不同基本面分析外汇价格

在认识了基本面的基础理论之后，下面我们从基本面的每一项内容来详细分析它是如何指导外汇价格的。

NO.006 GDP 对外汇价格的影响

GDP 就是人们俗称的国内生产总值，指在一定时期（一个季度／一年）内，一个国家或地区的经济过程中所生产出的全部最终产品和劳务的价值，被公认为是衡量国家经济状况的最佳指标。

GDP 的增长虽然不能直接体现一国经济的水平，但当 GDP 增速较快时，该国的国内经济肯定发展更快。

在研究 GDP 对外汇的影响时，首先我们要来搞清楚 GDP 与 GNP 有什么区别，具体如图 7-4 所示。

GDP	GNP
GDP 是注重国土的概念，如一个美国人在中国创造的价值会被计算进入中国的 GDP，同时计算为美国的 GNP。	GNP 是国民生产总值，注重的是国民的概念，如一个中国人在美国创造的价值会被计算为中国的 GNP，同时计算为美国的 GDP。

图 7-4 GDP 与 GNP 的区别

GDP 作为判断经济走势的重要指标，对汇率有一定的影响，通常如果只考虑 GDP 因素，当 GDP 的增长速度较快时，那么对该国的货币则有一个利好的作用，该国货币可能面临升值。

实例分析

GDP 对外汇的影响

某年，A 国和 B 国的 GDP 增速分别为 2% 与 1%。从增速来看，都属于较慢的一种，但如果这样的增速长期稳定，那么 A 国的货币走势肯定会好于 B 国。

一年后，A 国 GDP 增速为 2.5%，B 国 GDP 增速为 2%，这时，B 国的货币走势可能会好于 A 国，因为当年 B 国的经济增速比 A 国更快。

NO.007　通货膨胀对外汇价格的影响

在日常生活中，我们常常听到通货膨胀这个词，通货膨胀的实质就是货币贬值，单位货币的购买力下降，物价水平上涨。它是影响居民生活水平高低的重要因素。通货膨胀是经济发展中必定会出现的，一般来说分为图 7-5 所示的 3 个阶段。

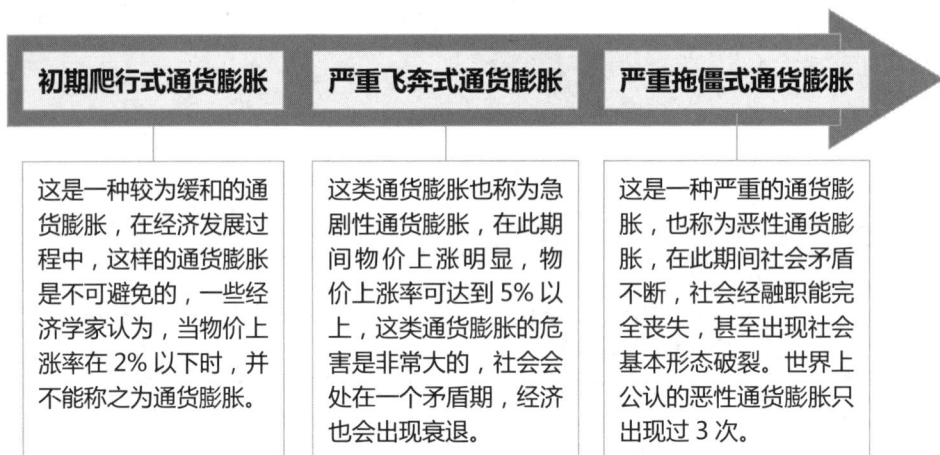

初期爬行式通货膨胀	严重飞奔式通货膨胀	严重拖僵式通货膨胀
这是一种较为缓和的通货膨胀，在经济发展过程中，这样的通货膨胀是不可避免的，一些经济学家认为，当物价上涨率在 2% 以下时，并不能称之为通货膨胀。	这类通货膨胀也称为急剧性通货膨胀，在此期间物价上涨明显，物价上涨率可达到 5% 以上，这类通货膨胀的危害是非常大的，社会会处在一个矛盾期，经济也会出现衰退。	这是一种严重的通货膨胀，也称为恶性通货膨胀，在此期间社会矛盾不断，社会经融职能完全丧失，甚至出现社会基本形态破裂。世界上公认的恶性通货膨胀只出现过 3 次。

图 7-5　通货膨胀的 3 个阶段

理财贴士　*通货紧缩*

在经济现象中，有一种和通货膨胀相反的情况，这就是通货紧缩。

通货紧缩是指市场上流通货币减少，单位货币所能购买的商品增多，物价下跌。一般来说，当 CPI 连跌三个月时，即表示已出现通货紧缩。

通货膨胀的出现，同样会影响外汇的价格，具体的表现方式如表 7-2 所示。

表 7-2

影响	描 述
物价	当通货膨胀出现的时候，国内的商品价格会出现上涨，特别是房价会呈现上涨趋势。在这样的情况下，商品的生产与销售关系出现变化，从而影响国内进出口，使得汇率发生变化
投资	当国内出现通货膨胀的时候，人们会将资产转换为流动的资本，并将资本投入到流动的投资产品中，也可能寻求国外的投资渠道，这就造成了汇率的变化
信用	一国货币对内价值的下降必定影响其对外价值，削弱该国货币在国际市场上的信用地位。因通货膨胀，导致汇率趋于疲软，人们会习惯把手中持有的本国货币转化为其他货币，从而导致汇价下跌
供给	通货膨胀的出现，有一个重要的原因就是流通中的货币量增加，老百姓拿在手中的本国货币增加，但实际上这只能兑换到更少的外币，也就是本币贬值

NO.008 利率对外汇价格的影响

利率也称为利息率，是每个人都会接触、使用到金融数据，它表示一定时期内利息量与本金的比率，通常用百分比表示。根据不同的借贷情况，分为存款利率与贷款利率两种。

利息是在利率基础上计算出的数字，是借款的条件，是出借人借款所获得的回报，利息计算公式为：

利息 = 本金 × 利率（年化利率）× 时间

要了解利率与汇率的关系，我们首先来看一个例子。

实例分析

汇率与利率的套利

现在有两国货币 A 与 B，按照某年的汇率，1A 可兑换 2B，也就是 1A=2B，同时 A 货币所在国存贷利率 5%，B 所在国存贷利率为 10%。在不考虑利率变化，不考虑兑换限制下，我们可以进行无风险套利操作：

1. 贷款 10000 单位的 A 货币。

2. 将其兑换为 B 货币，得到 20000B。

3. 将 B 货币存入，最终得到 22000B 货币。

4. 将 22000B 货币兑换为 A 货币，得到 11000A。

5. 按照 A 国贷款利率，支付 A 国本金＋利息 10500A 货币，赚 500A 货币。

在实际的金融投资中，这种"免费的午餐"是不成立的，因为各国间的汇率是在不停变化的，各国实行的利率、汇率政策一般都是"固定利率、开放汇率"，这让汇率与利率的关系就显得更加微妙。

那么利率究竟是如何影响汇率的呢？具体如图 7-6 所示。

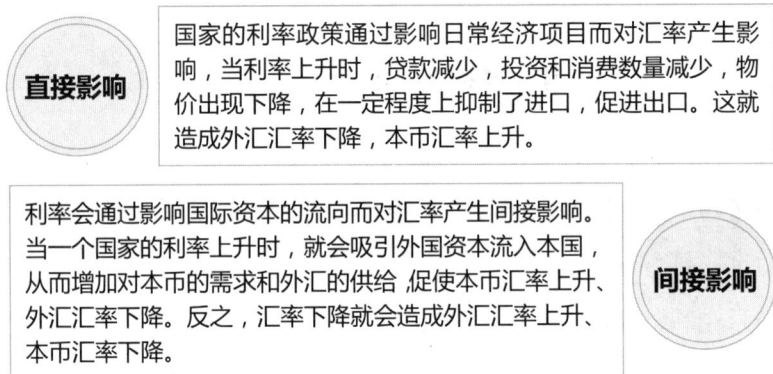

直接影响　国家的利率政策通过影响日常经济项目而对汇率产生影响，当利率上升时，贷款减少，投资和消费数量减少，物价出现下降，在一定程度上抑制了进口，促进出口。这就造成外汇汇率下降，本币汇率上升。

利率会通过影响国际资本的流向而对汇率产生间接影响。当一个国家的利率上升时，就会吸引外国资本流入本国，从而增加对本币的需求和外汇的供给，促使本币汇率上升、外汇汇率下降。反之，汇率下降就会造成外汇汇率上升、本币汇率下降。　**间接影响**

图 7-6 利率对汇率的影响

NO.009　其他影响外汇价格的因素

除了上面介绍的 GDP、通货膨胀、利率等内容之外，影响外汇价格的因素还有很多，下面我们就来简单认识一些。

（1）黄金储备和外汇储备

黄金储备和外汇储备是一个国家维持经济平稳最重要的工具之一，它们互相作用，互补不足，直接影响国家经济与国内理财市场。

黄金储备，是指一个国家持有的用来平衡国际收支，维持或影响汇率水平的工具。当一个国家的经济出现无法控制的局面时，其货币就会出现非常大的变动，此时，其他国家就需用黄金储备来稳定汇率，保证经济的平稳发展。

外汇储备，是一个国家持有的外汇数量，它是国家的货币资产，是一个国家经济实力的重要组成部分。外汇储备对平衡国际收支、稳定汇率和偿还对外债务有着非常重要的作用。我国和世界其他国家在对外贸易与结算中经常使用的外汇储备主要有美元、欧元、日元、英镑等。

黄金储备和外汇储备是直接影响汇率的因素之一，我们查询一个国家与他国的黄金储备和外汇储备，如果在一定时期内没有发生太大的改变，那么表示汇率稳定在一个水平，如果发生了巨大的改变，那么表示两国之间的汇率也会出现较为巨大的波动。

（2）国际局势

外汇作为一种国与国之间的产品，受国际局势的影响是非常大的。影响外汇价格的政治因素有表7-3所示的3点。

表7-3

局势因素	说　明
战争	战争是影响一个地区经济发展最大的原因之一，在一定程度上，会使一个国家或地区的经济出现崩溃，其货币价值可能出现瞬间上涨或暴跌
偶然事件	偶然事件是指无法预料的国际大事发生，如自然灾害、恐怖袭击事件等。这些事件会让一个地区的商品价格出现变动，从而影响进出口，最终使汇率发生改变
政治因素	政治格局是影响外汇价格的又一因素，包括大国的政治博弈、局部地区的对垒等。如当一国与另一国有贸易壁垒或经济对抗时，双方货币汇率会发生变化

（3）市场预期与心里预期

对汇市产生影响的非经济因素就是市场预期与心理预期，这两种预期都是人们对经济的判断。一般来说，预期不同，资金的流向就会出现不同，从而造成汇率的波动。下面就让我们一起来了解两大预期对汇率的影响。

一般来说，如果本币贬值，其对资本流动的影响将伴随人们的预期变化而产生 3 种不同的效应，具体如图 7-7 所示。

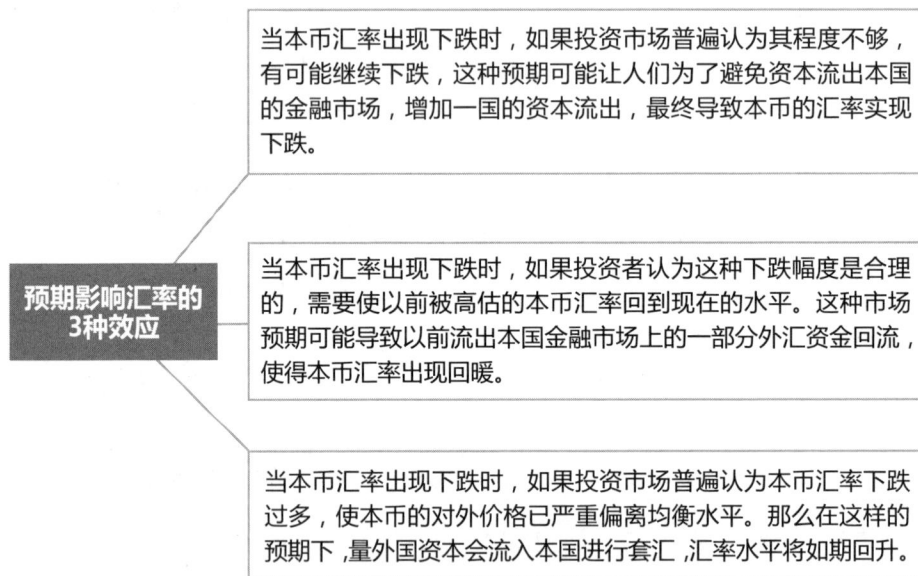

预期影响汇率的3种效应	当本币汇率出现下跌时，如果投资市场普遍认为其程度不够，有可能继续下跌，这种预期可能让人们为了避免资本流出本国的金融市场，增加一国的资本流出，最终导致本币的汇率实现下跌。
	当本币汇率出现下跌时，如果投资者认为这种下跌幅度是合理的，需要使以前被高估的本币汇率回到现在的水平。这种市场预期可能导致以前流出本国金融市场上的一部分外汇资金回流，使得本币汇率出现回暖。
	当本币汇率出现下跌时，如果投资市场普遍认为本币汇率下跌过多，使本币的对外价格已严重偏离均衡水平。那么在这样的预期下，量外国资本会流入本国进行套汇，汇率水平将如期回升。

图 7-7 预期影响汇率 3 种效应

（4）国际收支

国际收支，简单来说就是一张财务报表，上面系统地记载了在一定时期内，一个国家的经济与世界其他地方的交易，一般来说，大部分交易在居民与非居民之间进行。

在国际金融的发展中，对国际收支存在广义和狭义的区分，狭义的国际收支是指一个国家在一定时期内，由于经济、文化等各种对外经济交往而发生的，必须立即结清的外汇收入与支出。广义的国际收支是指一个国家或者地区内居民与非居民之间发生的所有经济活动的货币价值之和。

从外汇来看，国际收支与汇率也是有着微妙关系的。

国际收支的变动，一般会影响到外汇市场的供求关系，进而影响汇率。当一个国家的国际收支出现顺差时，该国的货币需求就会增加，最终造成本币的升值；反之，当国际收支处于逆差时，对外汇的需求就会减少，造成本币贬值。

除了国际收支对汇率的影响之外，汇率对国际收支的影响也是非常大的，具体如图 7-8 所示。

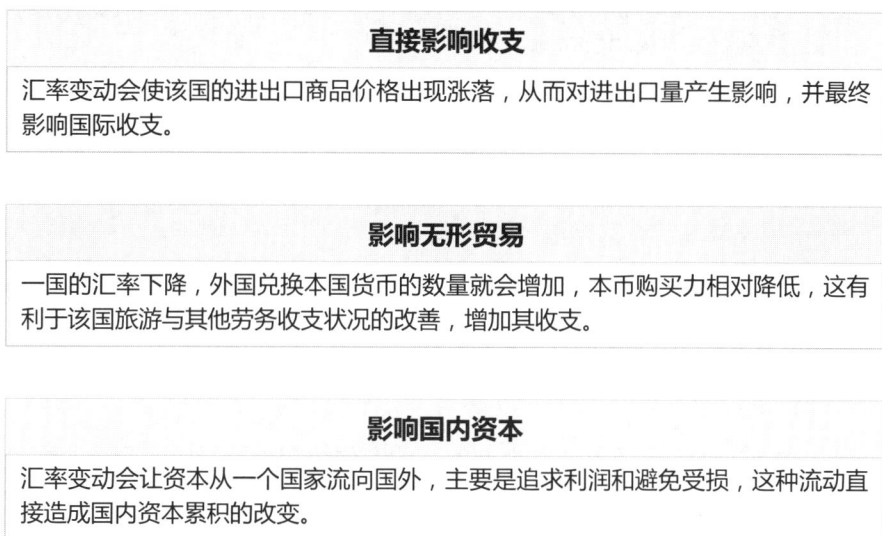

直接影响收支

汇率变动会使该国的进出口商品价格出现涨落，从而对进出口量产生影响，并最终影响国际收支。

影响无形贸易

一国的汇率下降，外国兑换本国货币的数量就会增加，本币购买力相对降低，这有利于该国旅游与其他劳务收支状况的改善，增加其收支。

影响国内资本

汇率变动会让资本从一个国家流向国外，主要是追求利润和避免受损，这种流动直接造成国内资本累积的改变。

图 7-8 汇率对国际收支的影响

（5）政府干预

国家宏观调控是国家对经济的直接干预，它是政府对国民经济的总体管理措施，它也是一个国家政府（特别是中央政府）的经济职能。

国家宏观调控一般有 3 个手段，具体如表 7-4 所示。

表 7-4

调控手段	说　明
经济手段	经济手段指的是国家运用经济政策和制定经济计划，通过对经济利益关系的调整，从而调节社会经济活动的一些措施。一般来说，经济手段有财政政策与货币政策两种

续表

调控手段	说　明
法律手段	法律手段是国家制定并运用经济法规来调节经济活动的手段，如《反垄断法》《消费者权益保护法》等，这些法规对经济的正常发展起着至关重要的作用
行政手段	国家通过一些经济行政机构，通过采取行政命令、指示、指标、规定等行政措施来调节和管理经济的手段，这些政策对经济的干预具有灵活性的特点，如国家对楼市的调控

对于外汇市场，国家的干预一般有两种，一种是在不改变现有货币政策的干预，另一种是改变现有货币政策的干预。

◆　不改变现有货币政策的干预

不改变现有货币政策干预外汇的方法一般有两种，一种是一国央行在外汇市场上买入或卖出外汇，同时在国际市场上通过买卖债券的形式来实现对冲，从而使得汇率发生变化。

另一种是在外汇市场上通过查询汇率的变化情况、发表声明等，改变投资者的心里预期，从而达到干预外汇的作用。

◆　改变现有货币政策的干预

改变现有的货币政策是央行在执行宏观调控经济手段的货币政策手段，是指央行直接增减货币发行量，从而达到干预汇率的效果。

第 **8** 章

认识外汇分时图与K线图

在对外汇价格进行分析时，除了上一章介绍的基本面之外，更重要的就是技术面的分析。所谓技术面分析，就是从走势形态的角度来预判未来的走势。本章，就让我们来掌握外汇的价格分析技巧。

8.1 外汇价格分时图

在分析外汇的时候，常常会判断在一个交易日内出现的买卖时机。一般来说，一天之内的价格是通过分时图来表示的。

NO.001 认识什么是分时图

所谓分时图，是指价格的动态实时走势图，一般以分钟作为时间单位，它在实战研判中的地位极其重要。

一般来说，分时图坐标的横轴是开市的时间，纵轴的上半部分是汇价或指数，下半部分显示的是副图指标的数值（不同的交易软件有不同的显示方式）。在易汇通交易软件中，外汇分时图如图 8-1 所示。

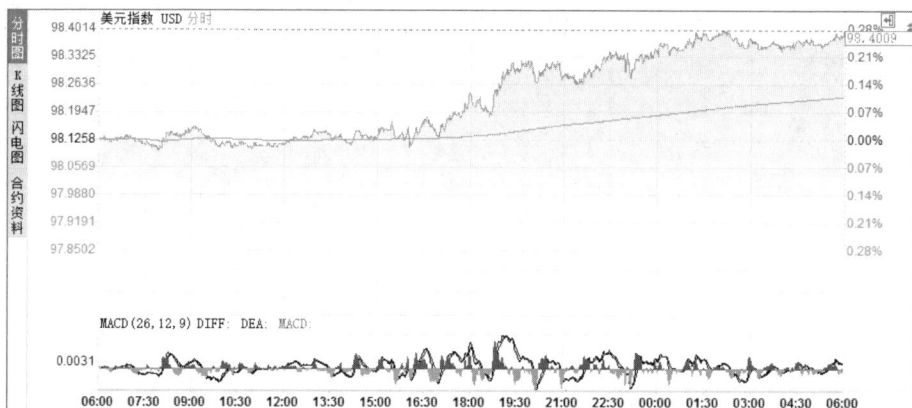

图 8-1 外汇分时图

一个完整的分时图应该包含如表 8-1 所示的信息。

表 8-1

包含的内容	说　明
图形名称	图形名称一般显示在分时图的左上角，包括外汇名称、外汇英文代码、分时图显示等内容

续表

包含的内容	说　明
成交价格	以直线连接每一分钟的成交价格构成的线段,看起来为一条曲线,在易汇通软件中通常用蓝色表示
横坐标	分时图的横坐标为时间坐标,单位刻度为 30 分钟、1 小时或 2 小时。当放大分时图显示的时候,具体的分钟刻度就会显示出来
纵坐标	分时图的纵坐标为价格坐标,当图中还显示其他的技术指标时,纵坐标上还会显示技术指标的刻度
趋势线	一般的分时图,除了价格线之外,还有移动平均线等趋势线,以帮助不同期限的投资者判断走势
副图指标	在副图窗格中显示特定的副图指标,用于帮助投资者分析分时走势,常用的副图指标有 MACD、RSI、KDJ 等
涨幅	涨幅为外汇价格的涨跌幅度,是在分时图右侧的纵坐标,表示当前价格相对于开盘价的涨跌幅度

NO.002　分时图的低开形态

在认识了分时图的内容之后,下面我们就来看看不同的分时图形态的具体应用。首先来看低开的几种形态。

(1)低开震荡上行

如果在开盘之后价格低开,但之后震荡上行,这预示着当天收盘价很可能大于开盘价,具体形态如图 8-2 所示。

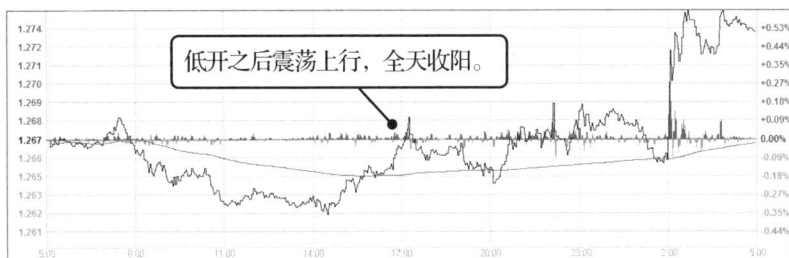

图 8-2　低开震荡上行

（2）低开直线上行

开盘价格低开之后，外汇价格直线上行，这说明多方的能力非常强，是买入做多的好时机，具体形态如图8-3所示。

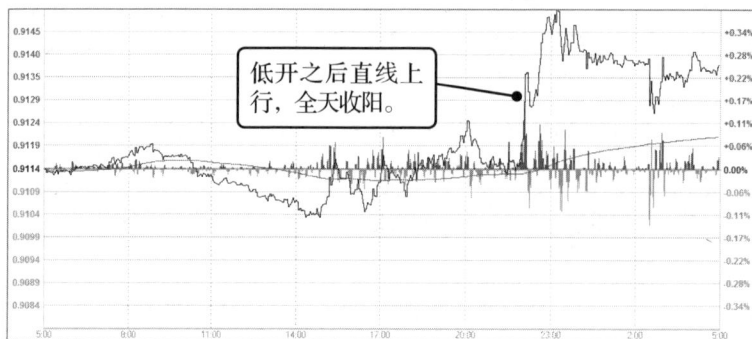

图8-3 低开直线上行

（3）低开直线下行

如果外汇在开盘之后不仅低开，还出现了跳水下行，这说明空方力量强大，收市时极有可能出现小于开盘价的情况，这时投资者最好是卖出做空，以免出现损失。具体的形态如图8-4所示。

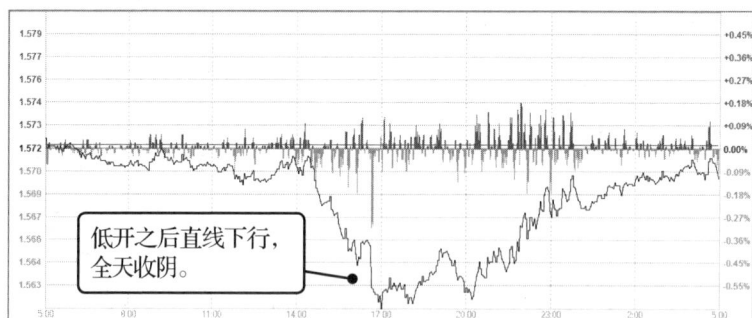

图8-4 低开直线下行

NO.003 分时图的收盘形态

除了开盘时的形态之外，收盘时的形态也是查看分时图应该着重注意的。

下面我们就来看看具体的形态与意义。

（1）收盘前拉升

如果外汇价格全天运行平稳，在下午盘或临近收市时才开始拉升，以扫盘的方式上攻，则无论尾盘表现如何，明日一定会出现涨势，具体如图 8-5 所示。

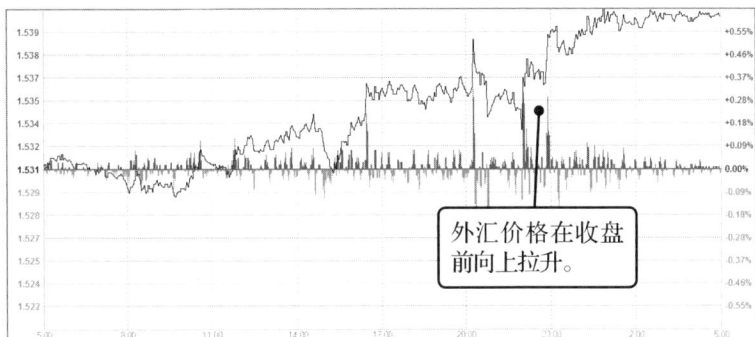

图 8-5　收盘前拉升

（2）收盘前下跌

和上一种形态相反，如果外汇价格全天运行平稳，在下午盘或临近收市时才开始极速向下，则无论尾盘表现如何，明日一定会出现下跌，如图 8-6 所示。

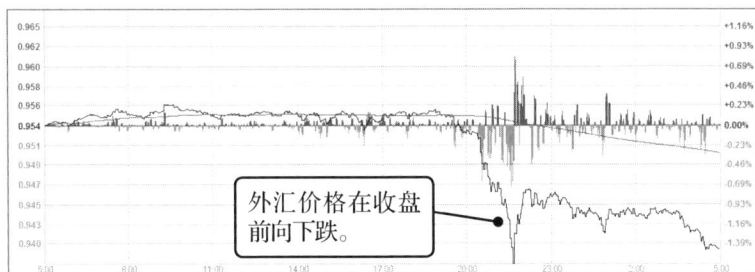

图 8-6　收盘前下跌

NO.004　分时图的回调

除了在开盘和收盘的时候判断涨跌之外，还可以利用中间的回调做预测也是非常有效的。在外汇分时图中，具体的回调技巧如图 8-7 所示。

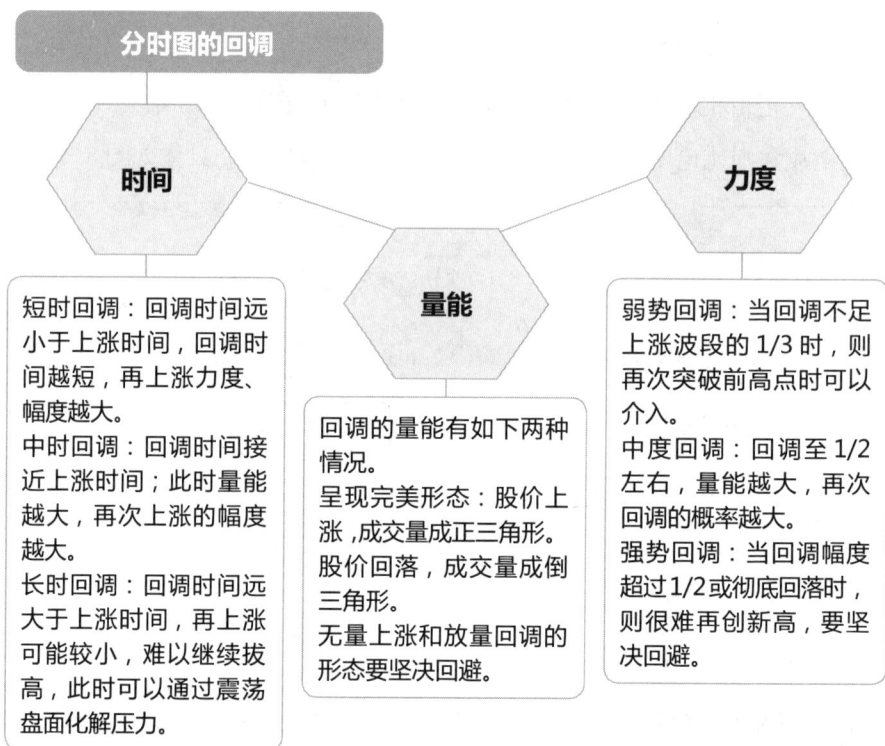

```
                    ┌─────────────────┐
                    │  分时图的回调    │
                    └─────────────────┘
              ┌───────────┐      ┌───────────┐
              │   时间    │      │   力度    │
              └───────────┘      └───────────┘
                    ┌───────────┐
                    │   量能    │
                    └───────────┘
```

时间

短时回调：回调时间远小于上涨时间，回调时间越短，再上涨力度、幅度越大。

中时回调：回调时间接近上涨时间；此时量能越大，再次上涨的幅度越大。

长时回调：回调时间远大于上涨时间，再上涨可能较小，难以继续拔高，此时可以通过震荡盘面化解压力。

量能

回调的量能有如下两种情况。

呈现完美形态：股价上涨，成交量成正三角形。股价回落，成交量成倒三角形。

无量上涨和放量回调的形态要坚决避开。

力度

弱势回调：当回调不足上涨波段的 1/3 时，则再次突破前高点时可以介入。

中度回调：回调至 1/2 左右，量能越大，再次回调的概率越大。

强势回调：当回调幅度超过 1/2 或彻底回落时，则很难再创新高，要坚决回避。

图 8-7　分时图的回调

NO.005　利用分时图分析买卖点

我们选择利用分时图分析外汇，就是为了在一个交易日之内找到买卖点。下面通过一个简单的例子来看看一天之内有哪些买卖时机。

实例分析

在外汇分时图中找到买卖点

在美元兑换港元的 2019 年 11 月 8 日的价格分时图中，在只考虑单向交易的情况下，有如下的买卖机会，具体如图 8-8 所示。

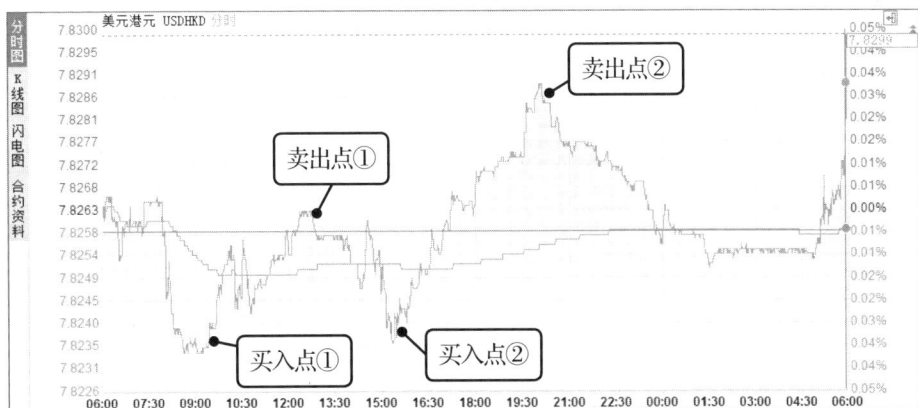

图 8-8 分时图分析买卖点

买入点①：开盘之后，外汇价格震荡变化后快速下跌，但是最终在 9:00 左右横向窄幅波动后上涨，预判后市上涨，此时可以进行买入操作。

卖出点①：时间到了中午，外汇价格涨到了一个高点，接近上个交易日的收盘价，此时卖出会有一个不错的获利空间。

买入点②：到了下午盘，外汇价格开始下跌，在 15:30 前后到达了低点，错过上午买入机会的投资者可在此时买入。

卖出点②：价格在晚上 20:00 左右再次冲上高点，无论是在上午还是下午买入，此时都是卖出的最佳时机。

8.2 外汇价格K线图

相比于分时图，K线图所传递信息要更多。K线图最早起源于日本的蜡烛图，经过长期的发展与进步，如今已经成为人们分析金融工具的重要手段。

在本书接下来的内容中，我们会重点介绍外汇价格走势中K线图的意义以及不同形态、不同工具的应用。

NO.006 认识什么是 K 线图

K 线图，又被称为蜡烛图、阴阳线等，因其标画方法独特，分析的内容准确，人们把它引入股票市场价格走势的分析中，经过 300 多年的发展，已经广泛应用于股票、期货、外汇、期权等证券市场。

如今的外汇投资早已离不开 K 线图的分析，一副完整的 K 线图由很多元素构成，包括实体和影线。同时为了区分价格变化，又分为空心柱体和实心柱体、上影线和下影线。图 8-9 所示就为我们展示了一副完整的 K 线图。

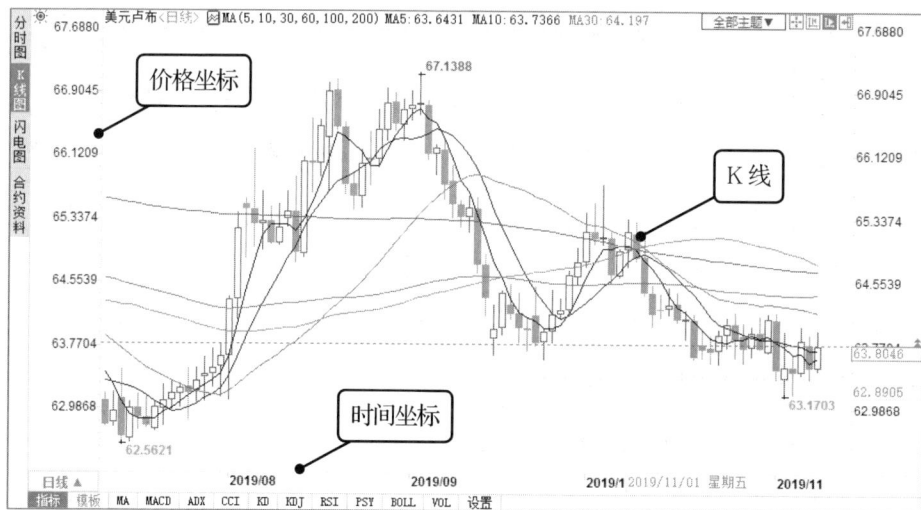

图 8-9 外汇价格完整 K 线图

在上图的 K 线图中，各部分内容的含义如下。

◆ **图形名称**：一般显示在图形的左上角，包括外汇的名称、K 线类型等。

◆ **横坐标**：时间坐标，不同的统计周期显示的单位时间是不同的。

◆ **纵坐标**：外汇价格坐标。

◆ **K 线**：每个统计周期的价格情况，由柱体与影线组成。

◆ **均线**：按照统计周期，将一段时间内总成交额除以成交量的数据相连接后得到的趋势线。

NO.007 K线各部分的意义

在 K 线图中，会看到空心柱体、实体柱体、不同长短的影线等，下面分别来认识一下。

- ◆ **阳线**：在一个交易日的价格中，如果收盘价高于开盘价，则在图中画出阳线，用一根空的柱体标表示。
- ◆ **阴线**：在一个交易日的价格中，如果收盘价低于开盘价，则在图中画出阴线，用一根实心的柱体表示。
- ◆ **上影线**：在 K 线图中，柱体上方的线被称为上影线，它表示一天之中价格向上运行的价位。
- ◆ **下影线**：在 K 线图中，柱体下方的线被称为下影线，它表示一天之中价格向下运行的价位。

如图 8-10 所示为阳线和阴线及其各组成部分的示意图。

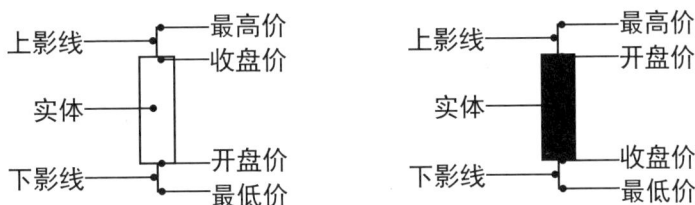

图 8-10 阳线（左）和阴线（右）的示意图

NO.008 对 K 线图的分类

K 线图标价的方式虽然是固定的，但却有不同的种类。

（1）按照柱体的长度分类

K 线图最简单的分类就是按照 K 线柱体的长度进行分类，可分为大阳线、中阳线、小阳线以及大阴线、中阴线以及小阴线，如图 8-11 所示。

图 8-11　大阳线、中阳线、小阳线和大阴线、中阴线、小阴线

一般来说，在一种外汇走势中，柱体的长度越长，表示一天之内的价格波动越大。除此之外，在 K 线图中还有一种比较特殊的，即收盘价与开盘价是相等的，一天之内开盘价与收盘价相等，我们称之为同价线。

这种 K 线一般是用"十"字或"T"字来表示的，具体的形态有如图 8-12 所示的一些。

图 8-12　同价线

在看同价线的时候，要注意区分极小的小阳线或小阴线，特别是在放大显示区间时，极小阳线和极小阴线以及同价线的形态几乎是一样的，只是颜色存在不同。具体的形态如图 8-13 所示。

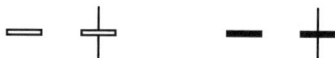

图 8-13　极小阳线和极小阴线

（2）按统计周期分类

在第 4 章介绍交易软件的时候，我们知道了 K 线不同的统计周期，这也是 K 线的分类方式之一。所谓不同的统计周期，就是指每一根 K 线代表的起止时间，按照这样的分类方式，可将 K 线图分为日 K 线、周 K 线、月 K 线或 5 分钟 K 线、15 分钟 K 线、60 分 K 线等。

在易汇通软件中，在 K 线图的空白位置右击，在弹出的快捷菜单中选择"分析周期"命令，在展开的子菜单中即可查看到提供的各种统计周期 K 线，如图 8-14 所示。

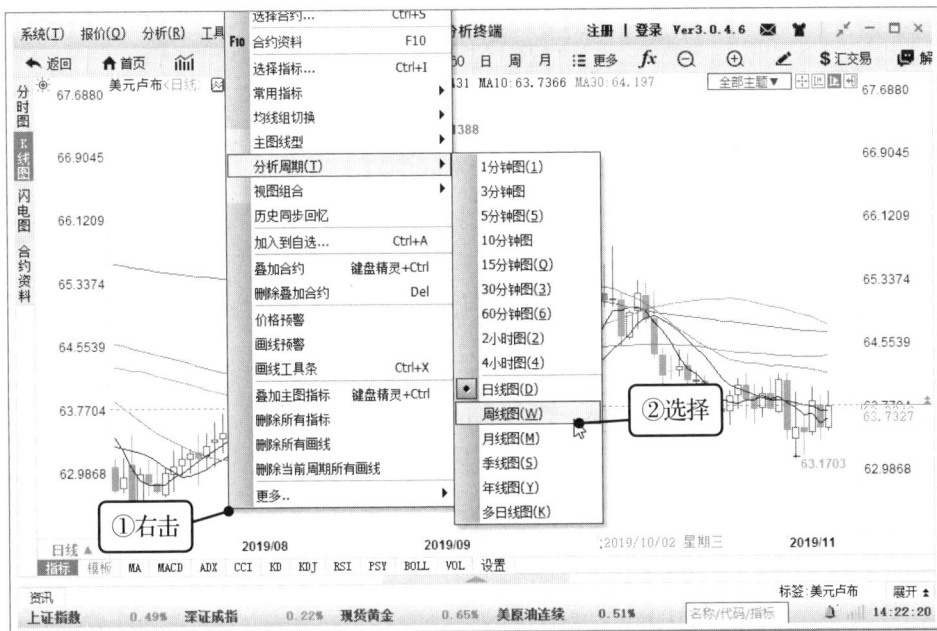

图 8-14 易汇通软件中不同的统计周期

在外汇分析中，不同K线图的意义如下所示。

◆ **分时K线图**：表示在统计的时间内的成交价均价。

◆ **日K线图**：表示一个完整交易日中开盘价、收盘价、最高价、最低价。

◆ **周K线图**：是以周一的开盘价、周五的收盘价以及一周内的最高价最低价来绘制的（若某外汇交易市场在周六、周日可以进行交易的产品，则收盘价以周日的收盘价计算）。

◆ **月K线图**：是以一个月第一个交易日的开盘价与最后一个交易日的收盘价以及中间的最高价和最低价来绘制的。

NO.009　K线图的优缺点

K线图是一种非常有效的看盘分析工具，它有表8-2所示的3点优势。

表 8-2

优点	叙　述
标价准确	K 线图可以清楚地将每个交易日的开盘价、最高价、最低价和收盘价表示出来，让投资者无须面对复杂的数据
走势清晰	K 线图中不同统计周期，可以很清晰地展示各个阶段的价格走势，这有利于投资者找到最佳的买卖点
利于分析	在 K 线图中，可以充分利用各类技术指标与趋势线，从而帮助投资者更好地确定投资时机

另外，K 线图作为一种分析工具，也存在缺点，具体如表 8-3 所示。

表 8-3

缺点	叙　述
绘制复杂	K 线图的绘制方法十分复杂，这也使得投资者必须借助投资软件才可以查看 K 线图，无法自行分析
变化多样	K 线的阴阳线的变化繁多，对刚入市的投资者来说，掌握分析方法有相当的困难，不如数据直接
略微滞后	K 线图表现的是一个完整交易日的数据，因此它无法表示一日内的数据情况，存在一定的滞后缺点

8.3 认识单根 K 线的意义

在单根 K 线中，会出现很多影线与柱体的组合，这些组合构成了不同形态的 K 线，并且这些组合应用到不同的走势中传递的信息是不同的。下面我们就详细来认识一些单根 K 线的意义。

NO.010　小阴星分析外汇价格

小阴星是外汇 K 线图中常常出现的一种形态，它是指 K 线柱体为阴线，长度很短，并且有上、下影线，具体形态如图8-15所示。

图8-15 小阴星形态

当在外汇市场出现小阴星的时候，表示全天的汇率价格波动很小，开盘价与收盘价非常接近，且收盘价略低于开盘价。这预示着当前的外汇价格正处于混乱阶段，后市有可能看跌，具体举例如下。

实例分析

利用小阴星分析外汇走势

在美元兑换港元的2019年7月～10月的价格K线图中，8月上旬出现了一次小阴星形态，后市变得难以预判，如图8-16所示。

图8-16 利用小阴星分析外汇走势

NO.011 小阳星分析外汇价格

小阳星是与小阴星相反的一种K线形态，它是柱体很短的阳线，并包含上、下线影线。小阳星表示全天的价格波动很小，开盘价与收盘价非常接近，但收盘价略高于开盘价。这预示着后市在混乱中略有上涨，具体形态如图8-17所示。

图 8-17 小阳星形态

在外汇市场上，小阳星出现的频率是非常多的，具体的应用案例如下。

实例分析

利用小阳星分析外汇走势

在美元兑换瑞典克朗的2019年8月～11月的价格K线图中，9月初K线出现了小阳星形态，美元兑换瑞典克朗在震荡中开始上涨，如图8-18所示。

图 8-18 用小阳星分析外汇走势

NO.012 十字星分析外汇价格

前面我们介绍过了十字星的形态，而在十字星形态中，还有上影十字星和下影十字星两种区分。

（1）上影十字星

上影十字星指开盘价等于收盘价，没有实体的K线，但上影十字星的上影线较长，下影线较短。上影十字星表示多空双方在交战时多方稍占上风，具体形态如图8-19所示。

图 8-19 上影十字星形态

下面通过实例来看看上影十字星的应用。

实例分析

利用上影十字星分析外汇走势

在澳元兑换瑞郎的2019年9月~11月的价格K线图中，10月18日出现了一次较长上影线的上影十字星，后市则连续上涨，如图8-20所示。

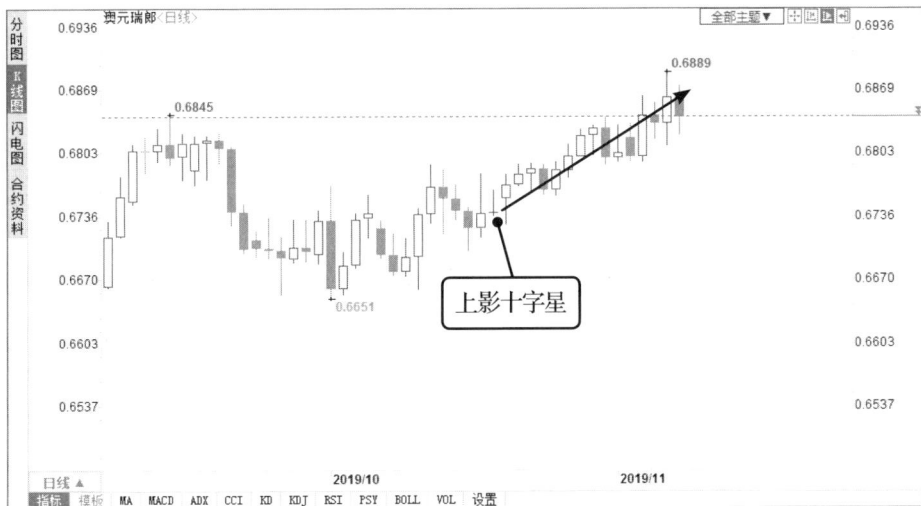

图 8-20 利用上影十字星分析外汇走势

（2）下影十字星

下影十字星与上影十字星相反，虽然同样是开盘价等于收盘价，没有实体的K线，但下影十字星的下影线较长，上影线较短，具体的形态如图8-21示。

图 8-21 下影十字星形态

当出现下影十字星的时候，表示多空双方正处于交战过程，但空方稍占上风，具体的案例如下。

实例分析

利用下影十字星分析外汇走势

在加元兑换瑞郎2019年6月~9月的价格K线图中，7月30日出现了一次下影十字星形态，随即后市开始快速下跌，如图8-22所示。

图 8-22 利用下影十字星分析外汇走势

NO.013　上吊阳线分析外汇价格

上吊阳线也可以被称为吊颈线，是一种柱体为阳线，长度很短，无上影线或者很短的上影线，下影线很长，且下影线长度必须超过实体的K线。具体的形态如图 8-23 所示。

图 8-23 上吊阳线形态

上吊阳线出现在不同的价格区域中时会发出不同的涨跌信号。

（1）上吊阳线出现在低位

上吊阳线如果出现在外汇价格的底部，则后市是看涨的，具体的应用如下。

实例分析

低位上吊阳线分析外汇走势

在纽元兑换日元 2019 年 8 月～ 11 月的价格 K 线图中，9 月之前，汇价处于下跌状态，在 9 月运行到低位后企稳，随后在 9 月 3 日出现了一次上吊阳线，因此 6 日之后价格开始上涨，如图 8-24 所示。

图 8-24 使用低位上吊阳线分析外汇走势

（2）上吊阳线出现在高位

如果上吊阳线出现在价格的高位区域，这种形态则很有可能是虚假拉升，后市有下跌的迹象，具体案例如下。

实例分析

高位上吊阳线分析外汇走势

在瑞郎兑换日元2018年10月～2019年1月的价格K线图中，2018年10月底汇价止跌反弹上涨，在2018年12月初月汇价反弹到高价位区，并在12月6日形成了上吊阳线，因此后市很快反弹见顶，随后继续下跌，如图8-25所示。

图8-25 使用高位上吊阳线分析外汇走势

理财贴士 *上吊阴线*

上吊阴线和上吊阳线的意义是类似的，虽然在短期内后市走势可能会不同，但出现在不同价格区域的意义是相同的。

NO.014 光头阳线分析外汇价格

标准的光头阳线是指在一天之内最高价为收盘价，也就是说是没有上影线的 K 线（实战中将有很小的上影线也视作光头阳线），并且其柱体为阳线。与上吊阳线不同的是，它的柱体很长，下影线较短，具体形态如图 8-26 所示。

图 8-26 光头阳线形态

（1）光头阳线出现在低位

当光头阳线出现在价格低位的时候，在当天价格虽然向下运动，但最终以较高时的收盘价收盘，预示着新的上涨趋势即将来临。

实例分析

低位光头阳线分析外汇走势

在美元兑换瑞典克朗的 2017 年 12 月 ~ 2018 年 3 月的价格 K 线图中，2018 年 2 月之前价格始终在下跌，但是在 2018 年 1 月底出现一次低位的光头阳线，随后价格短暂下跌后最终在 2 月初止跌，随后价格开始上涨，如图 8-27 所示。

图 8-27 使用低位光头阳线分析外汇走势

（2）光头阳线出现在上涨途中

光头阳线出现在上涨途中的概率较小，因为当光头阳线出现时，后市会继续上涨，所以光头阳线通常被作为继续上涨的信号，具体的应用案例如下。

实例分析

上涨途中光头阳线分析外汇走势

在欧元兑换英镑的 2019 年 5 月～ 7 月的价格 K 线图中，2019 年 5 月价格止跌企稳后一路上涨，在 6 月 17 日出现了上涨过程中的高位光头阳线，如图 8-28 所示，预示后市将继续上涨，投资者可继续持有。

图 8-28 使用上涨途中的光头阳线分析外汇走势

NO.015 光头阴线分析外汇价格

光头阴线是与光头阳线意义相反的形态，指当日的开盘价是最高价，开盘之后价格一路下跌，虽然后面价格有所回升，但始终低于开盘价。

标准的光头阴线的柱体为阴线，没有上影线（实战中将很小的上影线也视作光头阴线），下影线相对较短，具体形态如图 8-29 所示。

图 8-29 头阴线形态

（1）光头阴线出现在低位

当光头阴线出现在价格低位时，说明有抄底盘资金介入汇市，此时虽然外汇价格出现反弹，但力度不大，后市情况极不明朗。

实例分析

低位光头阴线分析外汇走势

在英镑兑换日元的 2019 年 7 月～ 10 月的价格 K 线图中，8 月之前价格一直在下跌，8 月 9 日在低位区域出现了一次光头阴线，此后价格开始上涨。但是在经历短短十几个交易日的上涨后很快便运行到阶段性的高位后进行了一次回调，之后才开启大幅的震荡上涨行情，如图 8-30 所示。

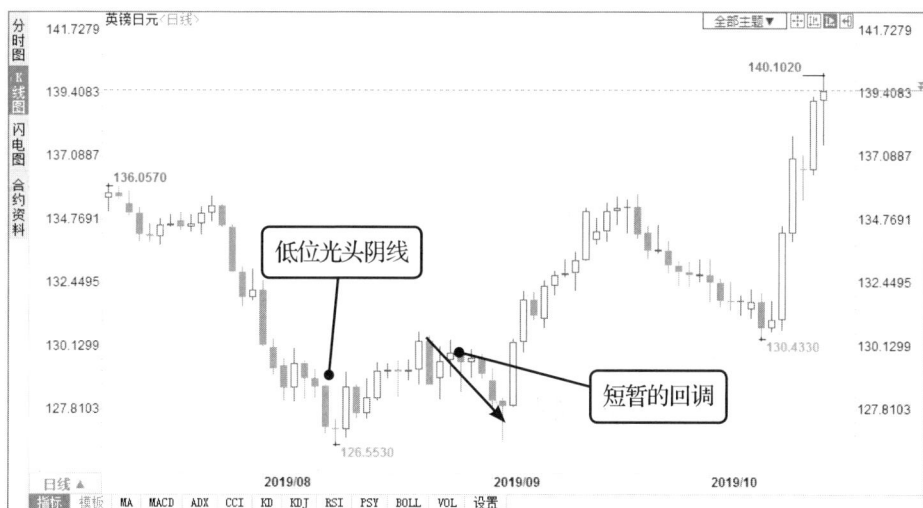

图 8-30 使用低位光头阴线分析外汇走势

（2）光头阴线出现在高位

当光头阴线出现在高位时，则是一种明显的见顶信号，在次日或未来几天价格一定出现下跌的概率是非常大的。

实例分析

高位光头阴线分析外汇走势

在美元兑换丹麦克朗的 2019 年 8 月 ~ 11 月的价格 K 线图中，2019 年 10 月价格运行到高价位区，在 10 月 10 日出现了一次高位的光头阴线，此后美元兑换丹麦克朗的汇率开始加快了下跌趋势，如图 8-31 所示。

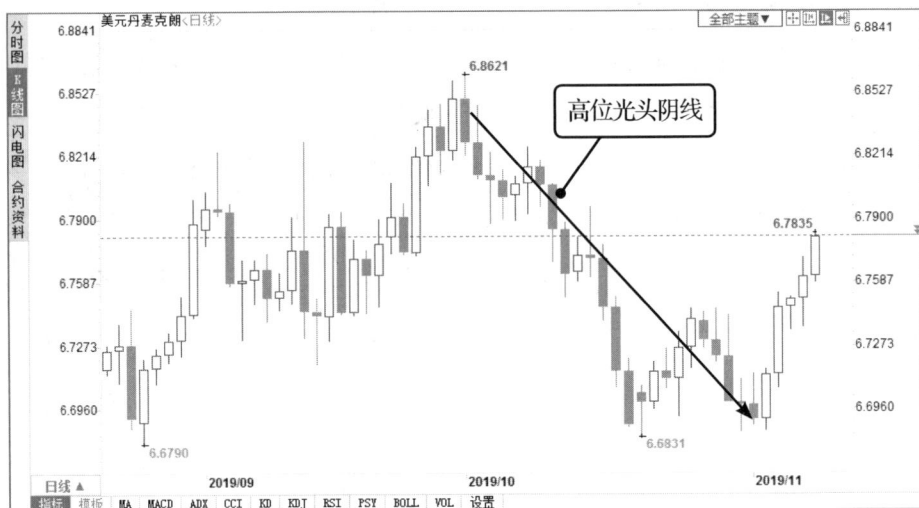

图 8-31 使用高位光头阴线分析外汇走势

NO.016 光脚阳线与光脚阴线

与光头阳线、光头阴线相反的是光脚阳线与光脚阴线，它是指柱体较长，没有下影线，上影线的长度比柱体短的 K 线，具体形态如图 8-32 所示。

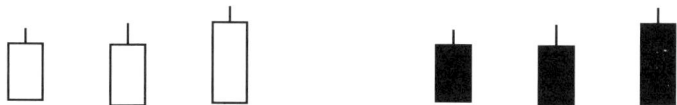

图 8-32 光脚阳线（左）与光脚阴线（右）形态

光脚阳线、光脚阴线在不同区域发出的信号与光头阳线、光头阴线一样是有一定规律的。下面就总结了一些简单的意义。

◆ **低位光脚阳线**：如果在低价位区域出现光脚阳线，表明买方开始聚积上攻的能量，在短期内价格可能会出现上涨。

◆ **高位光脚阳线**：当光脚阳线出现在价格的高位时，表明买方上攻力量减弱，卖方的能量不断增强，行情有可能在此发生逆转。

◆ **低位光脚阴线**：低价位区域或是下跌过程出现光脚阴线，表明在多空双方交战后，买方开始聚积上攻的能量，但卖方仍占有优势，后市可能继续下跌。

◆ **高位光脚阴线**：光脚阳线出现在高价区域，表明买方上攻的力量已经衰退，卖方能量不断增强且占据主动地位，行情有可能在此发生逆转下跌。

NO.017　光头光脚阳线分析外汇价格

除了光头阳线与光脚阳线之外，还可以能出现光头光脚阳线，也就说以最低价开盘、最高价收盘的阳线。光头光脚阳线的形态比较多，即可以是大阳线，也可以是小阳线，具体形态如图 8-33 所示。

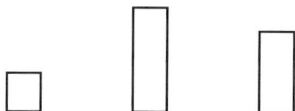

图 8-33 光头光脚阳线形态

光头光脚阳线一般是牛市持续或熊市反转的信号，柱体越长，信号越强烈，具体的案例如下。

光头光脚阳线分析外汇走势

在英镑兑换美元的 2019 年 6 月～10 月的价格 K 线图中，9 月之前价格一直处于下跌趋势，在 9 月 4 日出现了一次光头光脚阳线，并且柱体长度较长，在此之后，汇率价格开始反转上涨，幅度较大，如图 8-34 所示。

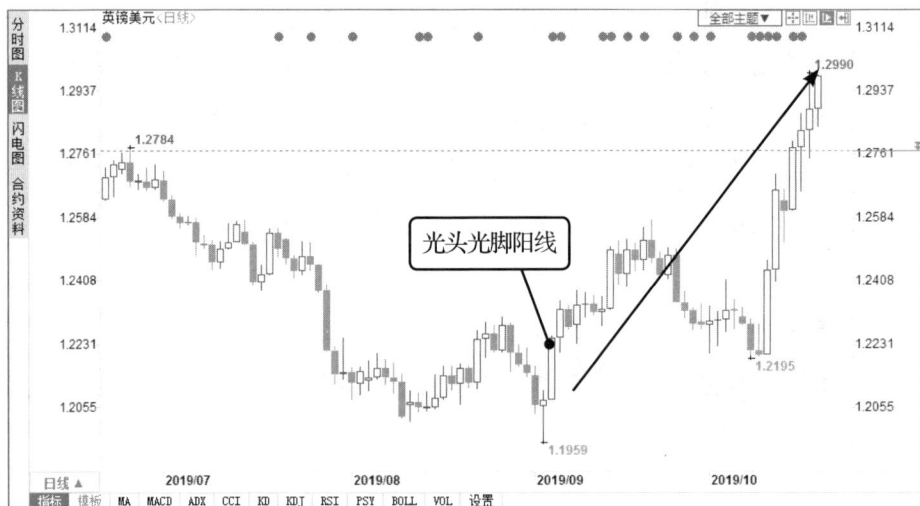

图 8-34　使用光头光脚阳线分析外汇走势

理财贴士 *确定"光头光脚"*

汇率时时刻刻都在发生着变动，因此要找到完全的"光头光脚"形态是比较困难的，如在上例中的光头光脚阳线是带有很短的上影线的。

在实际的行情分析过程中，这种较短的影线可以忽略不计，可以将这样的 K 线判断为光头光脚。

NO.018　光头光脚阴线分析外汇价格

光头光脚阴线是 K 线的上下两头都没有影线的阴线，收盘价等于最低价开

盘价等于最高价，这与光头光脚阳线相反。在实际分析中，光头光脚阴线通常
为熊市继续或牛市反转的信号，具体的形态如图 8-35 所示。

图 8-35 光头光脚阴线形态

下面通过实际的例子来看看光头光脚阴线的应用。

实例分析

光头光脚阴线分析外汇走势

在美元兑换加元 2019 年 2 月 ~ 7 月的价格 K 线图中，2019 年 6 月之前价
格一直处于上涨阶段，但在 5 月 31 日出现高点之后，6 月 3 日随即出现了一
次带有极短上下影线的光头光脚阴线，此后汇率经历了一波快速下跌行情，如
图 8-36 所示。

图 8-36 使用光头光脚阴线分析外汇走势

NO.019 一字线分析外汇价格

前面我们介绍了在 K 线形态中有一种一字线形态，它表示开盘价与收盘价相等，且在一天之内没有任何价格变动，也就是没有上下影线。

在外汇价格中，出现一字线的情况是比较少的，但在外汇牌价的 K 线图中一般会出现一字线，投资者在分析外汇牌价价格的时候，是无法应用 K 线技巧的，只能根据简单的涨跌趋势来判断做单方式。

外汇牌价 K 线图中的一字线，具体如图 8-37 所示。

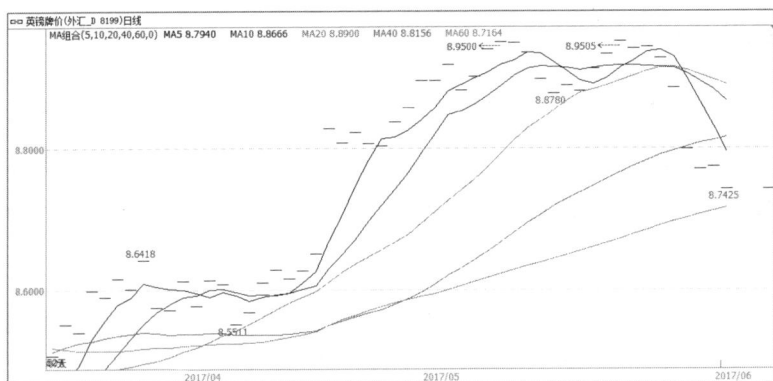

图 8-37 一字线 K 线图

第 **9** 章

K线组合对外汇的分析

我们在利用K线分析外汇价格走势的时候，单根K线传递的信息可能并不准确。在实际的盘面中，多根K线往往会形成不同的组合，这些组合正好是再进一步分析走势的工具。

9.1 看涨的 K 线组合

所谓看涨的 K 线组合，是指由两根或两根以上的单根 K 线组成的 K 线组合，它预示着后市价格将持续上涨或反转上涨。

NO.001 上涨两颗星分析外汇

所谓上涨两颗星组合，顾名思义就是由两根 K 线组成的预示上涨的 K 线组合，在外汇价格 K 线图中是非常容易出现的。上涨两颗星有如下一些特征。

◆ 一般出现在上涨势头的初期、中期。

◆ 一大二小的 K 线组合，先是一根中阳线或大阳线，后面两根小阴线、小十字线或小阳线，位置在第一根 K 线的上方。

◆ 上涨两颗星是强烈的看涨信号，可继续做多。

上涨两颗星具体的形态如图 9-1 所示。

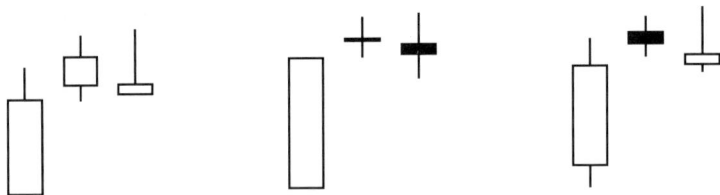

图 9-1 上涨两颗星 K 线组合

理财贴士 *什么是上涨三颗星*

在 K 线组合中，有上涨两颗星，还有上涨三颗星。

上涨三颗星是指在盘面上涨过程中，先是一根中阳线或大阳线，后面三根小阴线、小十字线或小阳线。上涨三颗星比上涨两颗星传递的信号更强烈。

实例分析

上涨两颗星分析外汇市场

在美元兑换土耳其里拉的 2019 年 1 月 ~ 5 月的价格 K 线图中，1 月 31 日价格在到达低点之后开始反转上涨，在上涨的初期，3 月 1 日出现一根大阳线，之后出现两根向上的小阳线，形成了上涨两颗星组合，后市价格继续上涨，如图 9-2 所示。

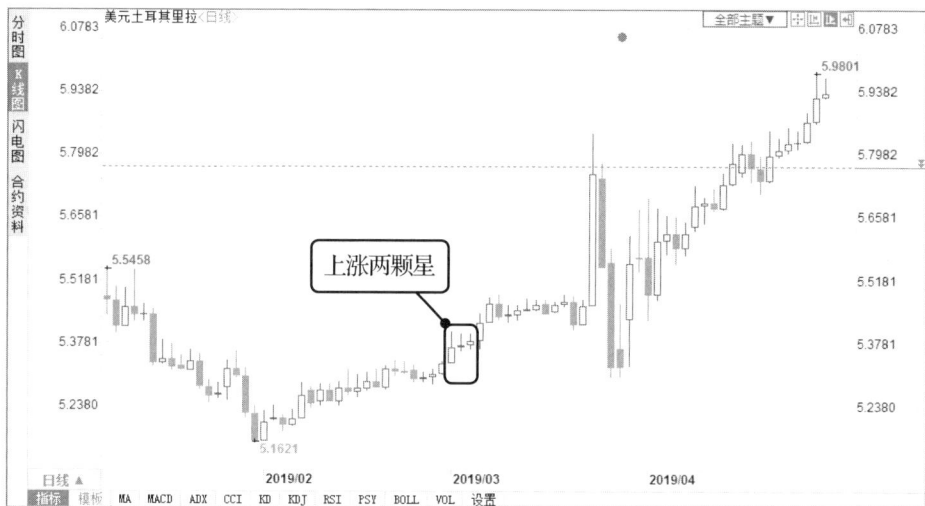

图 9-2 使用上涨两颗星分析外汇市场

NO.002　跳空上扬分析外汇

K 线组合中有一种和上涨两颗星类似，但信号更为强烈的组合——跳空上扬，它出现的概率不多，但一旦出现，一般上涨的信号非常准确。

跳空上扬 K 线组合有如下的特征。

◆　跳空上扬 K 线形态出现在涨势初期或中期。

◆　由三根 K 线组成，先一根大阳线，第二根和第三根为小阳线或小阴线。

◆　第二根、第三根 K 线的最低价与第一根 K 线的最高价有个缺口，这是跳空上扬 K 线的关键。

◆　这是一种续涨信号，可继续做多。

跳空上扬 K 线组合的具体形态如图 9-3 所示。

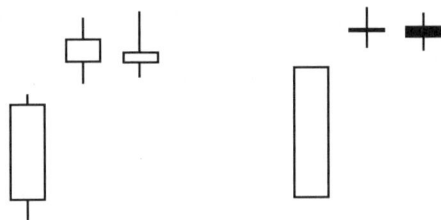

图 9-3 跳空上扬 K 线组合

实例分析

跳空上扬 K 线组合分析外汇市场

在人民币兑换日元 2018 年 12 月～ 2019 年 2 月的价格 K 线图中，2019 年 1 月初，价格止跌后快速拉升步入上涨行情，1 月 10 日出现了一次较长的阳线，并且此后两天的 K 线最低价都高于了 10 日的最高价，形成了跳空上扬 K 线组合，后市出现明显的上涨，如图 9-4 所示。

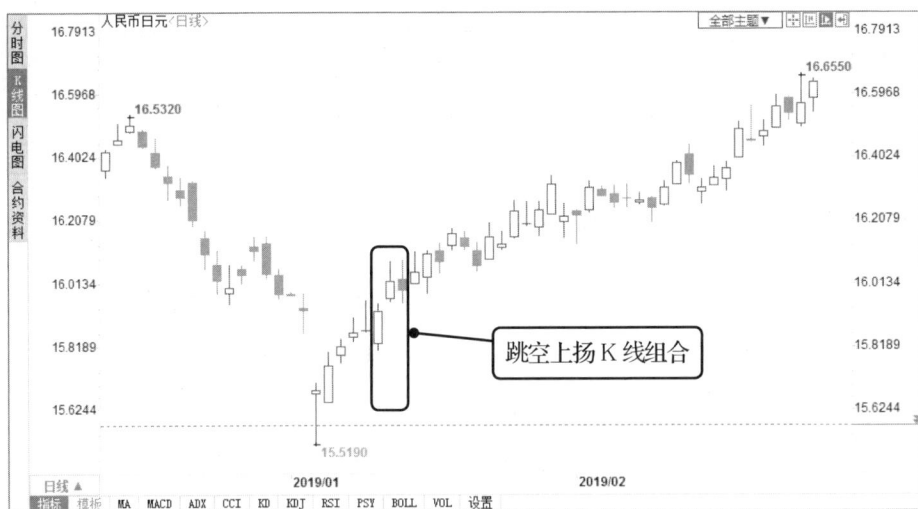

图 9-4 使用跳空上扬 K 线组合分析外汇市场

NO.003 早晨之星分析外汇

早晨之星 K 线组合是出现频率非常高的，也是最稳定的信号之一，顾名思义，早晨之星预示着汇率走出黑夜即将开始上涨，具体有如下的特征。

◆ 一般是由三根 K 线组成，第一根 K 线是外汇价格下跌，出现一根较长的阴线；第二根 K 线出现跳空下行，但实体部分较短，这是形成早晨之星的主体，可以是阴线也可以是阳线；最后一根长阳线出现，且收盘价必须大于第一根阴线的收盘价。

◆ 早晨之星是一种反转上涨的信号。

◆ 如果早晨之星的第二根 K 线换作十字星，这就形成了早晨十字星，早晨十字星是比早晨之星更具可信度的上升信号。

早晨之星 K 线组合的形态如图 9-5 所示。

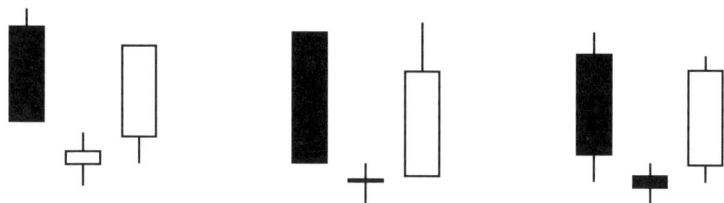

图 9-5 早晨之星 K 线组合形态

理财贴士 *早晨之星的信号强弱*

前面讲到，当第二根 K 线形成十字星的时候，早晨之星的信号更强。除此之外，如果第一根 K 线与第三根 K 线的柱体越长，离第二根 K 线的距离越远，看涨的信号则越强。

实例分析

早晨之星 K 线组合分析外汇市场

在欧元兑换纽元的 2019 年 5 月～9 月的价格 K 线图中，6 月初到 7 月初之间，价格一直处于震荡下跌的趋势中，尤其在 7 月初的一波小反弹后，价格连续 8 日收出阴线拉低股价。

在 7 月 22 日，价格低开后收出带长下影线的十字线创出这一阶段的最低价，但在 23 日又出现一根大阳线，形成了早晨之星中的早成十字星组合，随后汇率便开始上涨，如图 9-6 所示。

图 9-6 使用早晨之星 K 线组合分析外汇市场

　　早晨之星组合虽然是一种行情反转的信号，但并不意味着当出现早晨之星时，行情就会立刻出现大幅反转，因此，我们在投资外汇时，不能单纯地依靠早晨之星来判断行情反转。

NO.004　曙光初现分析外汇

　　曙光初现组合和早晨之星组合的意义是相同的，都是反转上涨的信号，但在具体的特点上却有所不同。曙光初现组合的特点具体如下。

- 一般是出现在一次较为强烈的下跌趋势中。
- 由两根 K 线组成，第一根 K 线为大阴线或中阴线，第二根 K 线为低开高走的大阳线或中阳线，阳线的实体超越到第一根阴线实体的50%以上。
- 价格所处的位置对曙光初现的判断很重要，如果涨幅过大时出现曙光初现形态，则有骗线的可能性。

　　图 9-7 列举了几种曙光初现组合的具体形态。

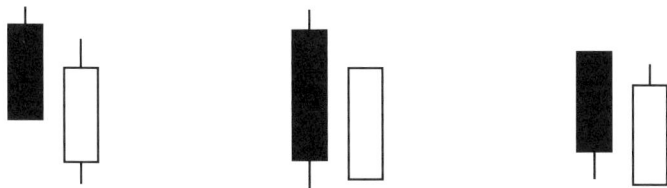

图 9-7 曙光初现组合

实例分析

曙光初现 K 线组合分析外汇市场

在加元兑换瑞郎的 2019 年 7 月～10 月的价格 K 线图中，进入 8 月后，价格下跌的势头开始减缓，随后进入横向整理阶段。

8 月 23 日出现一根大阴线，26 日又出现一根大阳线，实体超越了阴线的 50%，形成了曙光初现 K 线组合。这预示着价格形成底部后市反转上涨，果然随后汇率价格开始出现上涨，如图 9-8 所示。

图 9-8 使用曙光初现 K 线组合分析外汇市场

9.2 看跌的 K 线组合

有看涨的 K 线组合就有看跌的 K 线组合，在外汇分析中，把握价格的下跌同样是减少损失并且获利的重要手段。下面我们就来认识看跌的 K 线组合。

NO.005 双飞乌鸦分析外汇

在下跌 K 线形态中，双飞乌鸦组合是比较容易出现的，它的形态像两只并排的乌鸦，具体的特征如下。

◆ 双飞乌鸦是一种反转下跌的信号，一般出现在上涨行情的末端。

◆ 由三根 K 线组成，第一根为柱体较长的阳线；第二根为阴线，且出现高开低走，收盘价高于前面阳线收盘价；第三根 K 线也是阴线，且把第二根 K 线完全吞并了，实体完全超过第二根 K 线。

◆ 如果第二根 K 线与第一根 K 线形成了跳空，则信号更为强烈。

双飞乌鸦的具体形态如图 9-9 所示。

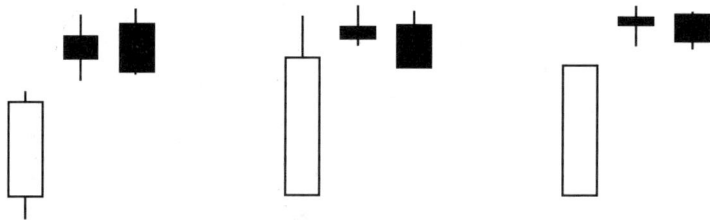

图 9-9 双飞乌鸦组合

实例分析

双飞乌鸦组合分析外汇市场

在纽元兑换日元的 2019 年 1 月～5 月的价格 K 线图中，3 月之前价格处于上涨阶段，随后价格在高位区域出现滞涨行情。

在 3 月底，价格有所回落，但是幅度不大，4 月 12 日 K 线收出一根大阳线，但在 15 日与 16 日两个交易日却出现了小阴线，形成了双飞乌鸦组合，说明价格已经见顶，行情即将改变。果然，在此之后价格便开始大幅度的下跌，如图 9-10 所示。

图 9-10 使用双飞乌鸦组合分析外汇市场

NO.006 黄昏之星分析外汇

与早晨之星组合相反的看跌 K 线组合是黄昏之星，它就像是太阳落山，预示汇率即将下跌，具体的特点如下。

◆ 黄昏之星是一种价格反转的信号，一般出现在价格高位。

◆ 第一天，市场在一片狂欢之中会继续之前的涨势，并且拉出一根长阳线。

◆ 第二天，价格继续冲高，但尾盘回落，形成了较长的影线，柱体部分很短，可以是阴线也可以是阳线。

◆ 第三天，价格结束了挣扎，开始下跌，K 线拉出了柱体较长的阴线，抹去了前两天大部分的上涨走势。

黄昏之星组合具体的形态如图 9-11 所示。

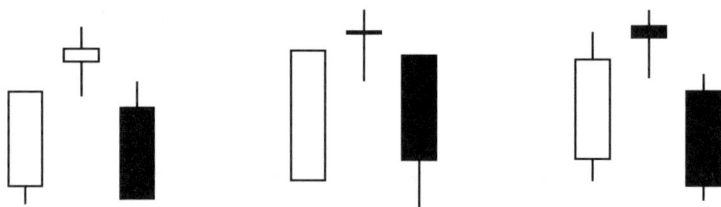

图 9-11 黄昏之星组合

实例分析

黄昏之星组合分析外汇市场

　　在纽元兑换美元的 2018 年 9 月～2019 年 5 月的价格 K 线图中，进入 2018 年 12 月后，汇率在高位区域长时间大幅震荡出现滞涨行情，在 2019 年 3 月 25 日走出一根中阳线，之后 3 月 26 日继续向上，但收盘疲软，出现一根十字星，随后一天再次出现大幅下跌，形成了黄昏之星组合。在此之后，汇率开始呈现快速下跌趋势，如图 9-12 所示。

图 9-12 使用黄昏之星组合分析外汇市场

　　在黄昏之星组合中，将第二根小阳星或小阴星换成十字星，出现的新组合即是黄昏十字星。需要注意的是，黄昏十字星在外汇行情中出现的情况比较少，一旦出现，必定是非常有效的下跌信号。

理财贴士 *黄昏之星的陷阱*

在利用黄昏之星分析外汇时，需要注意如下的陷阱。

反弹行情中的黄昏星要高度重视，如果是庄家的震仓行为，可以不必理会。

如果第一个根 K 线上影线较长并且带较大成交量，应采取减仓观望的保护性措施。

NO.007 乌云盖顶分析外汇

在看跌的 K 线组合中，有一种非常常见且形态简单的组合，它和曙光初现组合是相反的形态，这就是乌云盖顶组合。它具有如下特征。

◆ 出现的位置是上升趋势顶部，也可能出现在水平调整区间末端。

◆ 由两根 K 线组成，第一根为阳线，第二根为阴线。

◆ 第一天外汇价格形成一根坚挺的阳线实体，第二天阴线的开盘价超过第一天的最高价（实战中等于第一天的最高价开盘也视作乌云盖顶），并且其柱体已经超过了第一根阳线实体的 1/2。

常见的乌云盖顶组合形态如图 9-13 所示。

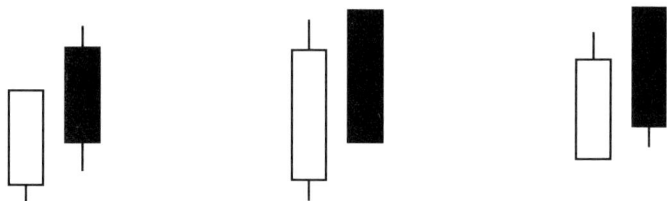

图 9-13 乌云盖顶组合

实例分析

乌云盖顶组合分析外汇市场

在英镑兑换加元的 2018 年 12 月 ~ 2019 年 6 月的价格 K 线图中，在 2019

年 3 月之前价格一直处于震荡上涨阶段，运行至 3 月创出最高价后出现一波大幅下跌，并在 2019 年 4 月底企稳，随后有一波反弹行情。

在 2019 年 5 月 3 日出现一根中阳线，之后出现一根高开低走的阴线，形成了乌云盖顶组合，此后价格便开始反转下跌，如图 9-14 所示。

图 9-14 使用乌云盖顶组合分析外汇市场

第 10 章

整理、反转形态分析外汇

　　各类K线除了可以形成组合，还会形成一定的趋势。我们将这些趋势分为整理形态与反转形态两种。在外汇价格分析过程中，正确应用这些形态对中长线的操作是非常有帮助的。

10.1 K线整理形态

K线的形态多种多样，它分为：整理形态与反转形态两种。它们之间有什么区别呢？具体如图 10-1 所示。

整理形态	反转形态
在外汇 K 线盘面中，整理形态是指价格趋势会沿着一定的趋势整理运行。内容包括三角形形态、矩形形态、旗形形态、楔形形态等。	所谓反转形态，就是出现这种形态时，汇率会改变原来的运动方向，朝新的方向运动。其包含的内容较多，如圆弧反转、V 形反转等。

图 10-1 两种 K 线整理形态

首先，我们来详细认识 K 线整理形态的内容。

NO.001 对称三角形分析外汇

三角形整理形态是 K 线图中最常见的整理形态之一，它是指外汇的价格在一个对称的三角形形态中运行，价格沿着上边逐渐向下运动，沿着下边逐渐向上运动，最后将高点和低点连接起来即可。

一个对称三角形的形成，至少要有两个明显的短期高点和短期低点，具体的形态如图 10-2 所示。

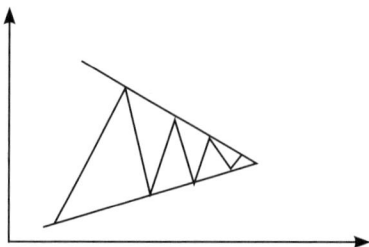

图 10-2 对称三角形形态

对称三角形形态要对外汇的价格走势的作用，一般可以从价格的突破上进行分析。具体分为向上突破和向下跌破。

（1）向上突破对称三角形

外汇价格向上突破对称三角形，指汇市从突破点开始出现涨势，具体形态如图 10-3 所示。

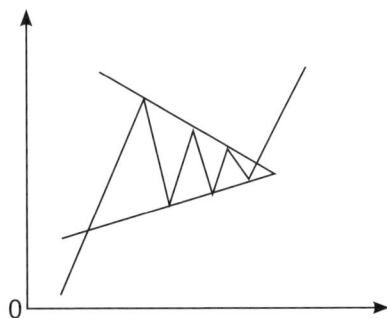

图 10-3　向上突破对称三角形

具体的应用，我们来看一个案例。

实例分析

突破对称三角形的应用

在美元兑换瑞典克朗的 2019 年 3 月～9 月的价格 K 线图中，从 2019 年 5 月价格出现阶段性见顶，随后不断地震荡形成了对称三角形形态，7 月 26 日，价格突破三角形上边线，开始向上运动，上涨势头较为强烈，如图 10-4 所示。

图 10-4　突破对称三角形的应用

（2）向下跌破对称三角形

外汇价格向下跌破三角形下边线，汇市下跌，具体形态如图 10-5 所示。

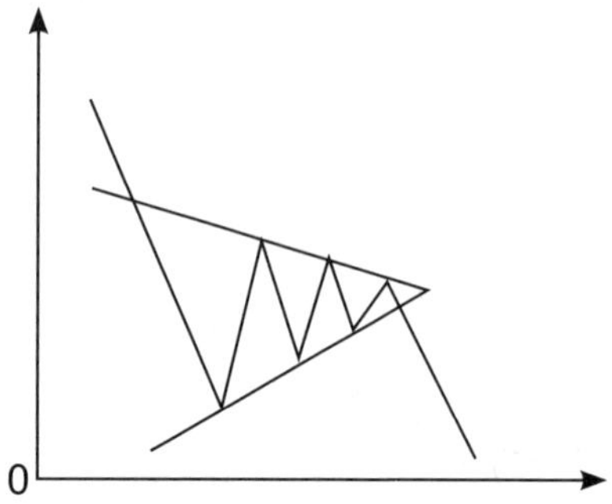

图 10-5 向下跌破对称三角形

实例分析

跌破对称三角形的应用

在美元兑换卢布的 2019 年 1 月 ～ 7 月的价格 K 线图中，价格在运行到 2019 年 3 月时出现了震荡的行情，整体趋势逐渐上移，逐渐形成了一个对称三角形，7 月 15 日一根大阴线跌破下边线，随后价格不断下跌，持续时间较长，如图 10-6 所示。

图 10-6 跌破对称三角形的应用

理财贴士 *注意下突破*

对称三角形形态容易出现假突破或假跌破，这需要格外注意。

如在价格突破时，价格突破上涨之后没有超过三角形的第一个高点，那么此次突破就不成立，而整个三角形形态也将作废。

NO.002 上升三角形分析外汇

上升三角形也被称为上升直角三角形，通常在回升高点的连线是趋近于水平的，而连线的低点却不断升高，形成往上倾斜的上升斜线。具体形态如图 10-7 所示。

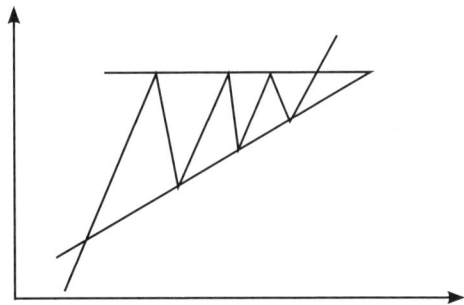

图 10-7 上升三角形

如上图中所展示的一样，在上升三角形整理形态的末端，如果有成交量的支撑，一般往上突破的机会较大。

实例分析

上升三角形的应用

在美元兑换卢布的 2018 年 3 月 ~ 11 月的价格 K 线图中，从 2018 年 4 月开始，价格运行到阶段性的高位后展开了一轮整理，在整个整理过程中，每次高点都几乎保持在水平位置，而价格的低点却在逐步上移。整个过程形成了一个向上的三角形整理形态。

8 月 8 日价格突破上升三角形的上边线，随后价格开始剧烈上涨，如图 10-8 所示。

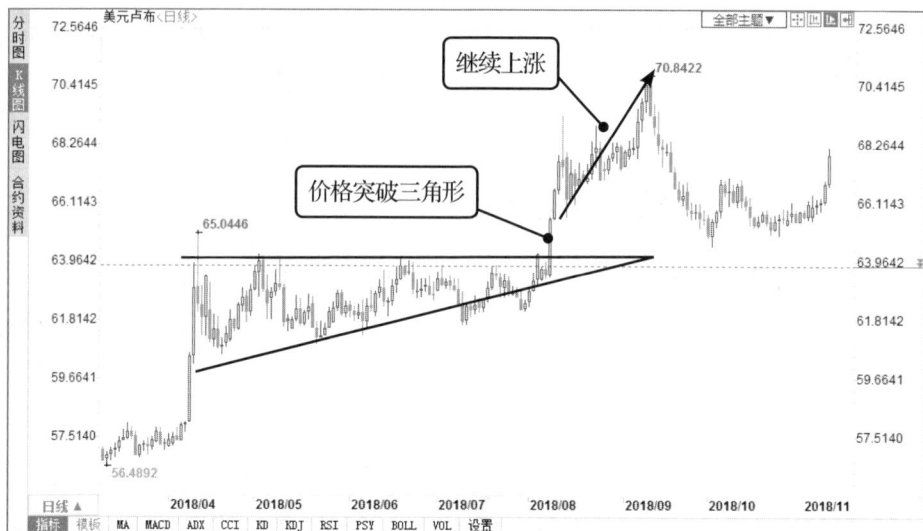

图 10-8 上升三角形的应用

NO.003 下降三角形分析外汇

下降三角形和上升三角形是完全相反的整理形态，外汇价格的下跌不会太强烈，在下方形成一条水平线，而上方的力量却不断减少，形成一个向下的三角形。具体的形态如图 10-9 所示。

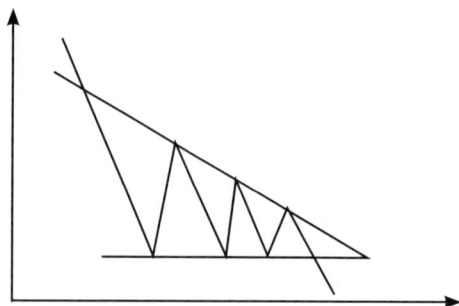

图 10-9 下降三角形

下降三角形形态表示多空双方对垒时出现的情况，在整理的末端，如果有成交量的配合，价格往下跌破的机会较大。

实例分析

下降三角形的应用

在欧元兑换日元的 2019 年 3 月 ~ 8 月的价格 K 线图中，汇率持续下跌到 2019 年 5 月底后跌势减缓出现震荡变化，震荡低点几乎保持在同一水平价格线上，震荡高点一波比一波低，随后形成典型的下降三角形。8 月 1 日价格有效跌破下边线后汇率开始快速下跌，如图 10-10 所示。

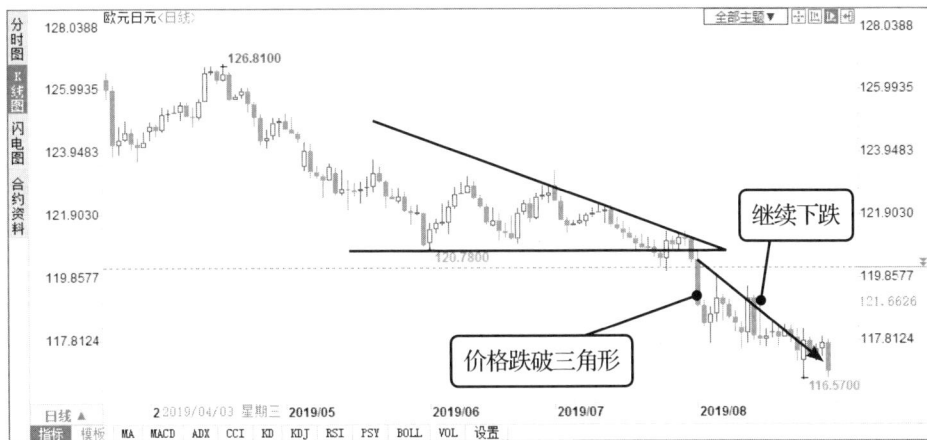

图 10-10　下降三角形的应用

NO.004　矩形形态分析外汇

矩形是 K 线整理形态中比较简单的一种，它的外形是一个矩形，上边线和下边线形成了水平平行。在具体应用上，矩形形态分为向上突破和向下跌破。

（1）向上突破矩形形态

在形成矩形形态后，如果价格向上突破上边线，那么就会沿着该趋势继续运动，具体的形态如图 10-11 所示。

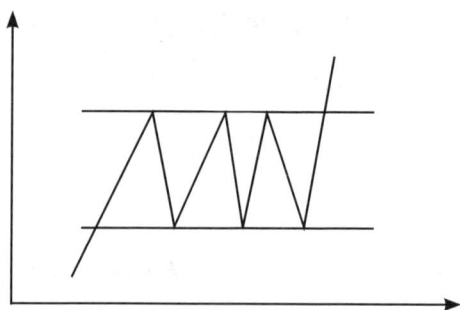

图 10-11 向上突破矩形形态

实例分析

向上突破矩形形态的应用

在美元兑换挪威克朗的 2018 年 4 月～ 8 月的价格 K 线图中，2018 年 5 月开始价格一直处于整理的阶段，并且高点与高点、低点与低点之间的位置几乎一样，形成了矩形整理。8 月 9 日价格有效突破矩形上边线，此后出现快速上涨，如图 10-12 所示。

图 10-12 向上突破矩形形态的应用

（2）向下跌破矩形形态

在形成了矩形形态之后，价格也可能向下跌破下边线，并沿着该趋势继续下跌，具体形态如图 10-13 所示。

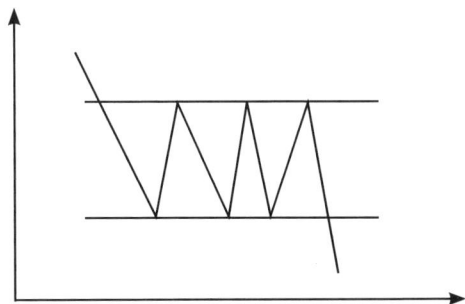

图 10-13 向下跌破矩形形态

实例分析

向下跌破矩形形态的应用

　　在澳元兑换美元 2018 年 4 月～ 10 月的价格 K 线图中，价格下跌到 2018 年
6 月后一直处于横盘整理阶段，并且高点与高点、低点与低点之间相近，形成
了矩形形态。但是在 8 月 10 日，一根大阴线突然向下跌破矩形下边线，随后立
刻出现了剧烈的下跌行情，如图 10-14 所示。

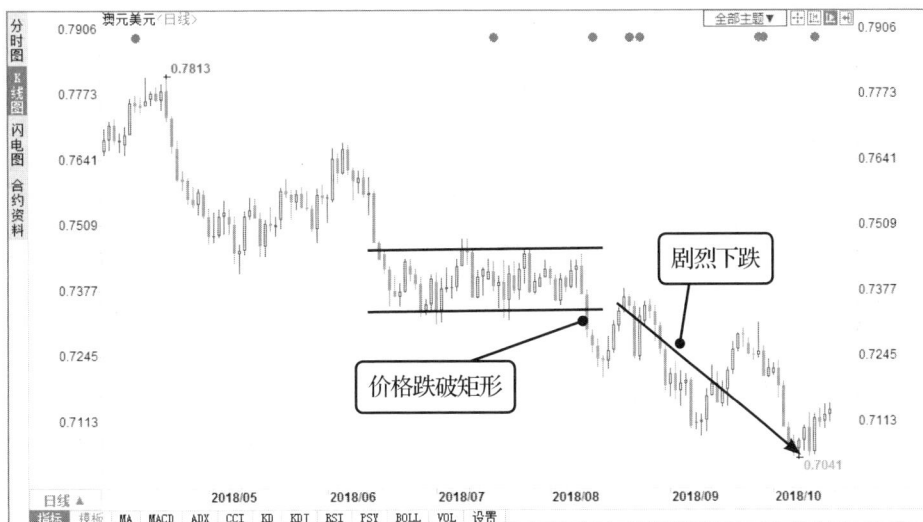

图 10-14 向下跌破矩形形态的应用

> **理财贴士** *如何奇妙应用矩形形态*
>
> 在矩形形态形成的初期，一般只受到基本面因素的影响，不会出现较大幅度的波动。当汇率向上突破时，视为一种买入的信号，若有巨大的成交量配合，那么买入的信号更为准确。矩形形态在突/跌破后，后市的第3个交易日至一周时间之内会发生微幅反弹现象。

NO.005　上升旗形形态分析外汇

所谓旗形形态，就像一面挂在旗杆上的旗帜，一般会出现在急速且幅度较大的市场中，是一种非常有效的整理形态。

从外形上来说，旗形形态是价格在两条平行线之间的形态。不同于矩形形态，旗形形态的两条平行线并不是水平方向，而是呈现一定的倾斜。

旗形形态分为上升旗形与下降旗形。上升旗形是指价格的高点与低点都呈平行状倾斜向下，具体如图 10-15 所示。

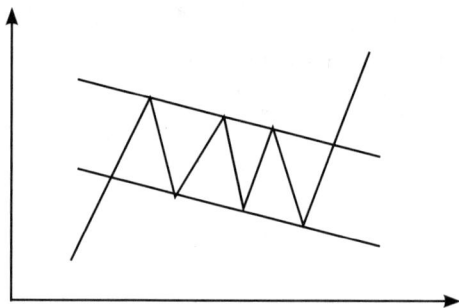

图 10-15　上升旗形形态

实例分析

上升旗形形态的应用

在美元兑换瑞郎的 2018 年 9 月～2019 年 3 月的价格 K 线图中，在 11 月之前，汇率一直处于上涨趋势，在 11 月 13 日汇价创出最高价后开始出现了震荡下跌行情，高点与低点都保持在平行区间内，形成了上升旗形，2019 年 1 月 16 日价格突破上边线继续上涨，如图 10-16 所示。

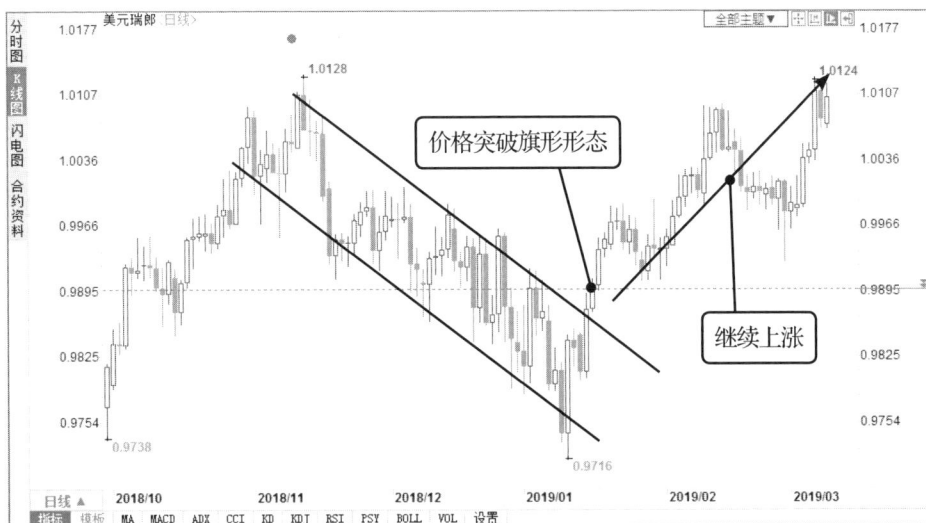

图 10-16 上升旗形形态的应用

理财贴士 *旗形形态分析技巧*

旗形形态最好是出现在极速上涨或下跌行情之后，如果走势较为平缓，则说明发出的信号不是特别准确。在旗形形态期间，成交量一般会相应地减少，如成交量增加，则可能是价格反转。旗形形态持续的时间很短，最长不会超过3周，最短只有3～4个交易日。

NO.006　下降旗形形态分析外汇

下降旗形和上升旗形是完全相反的，它是指价格的高点与低点都呈平行状倾斜向上，具体形态如图10-17所示。

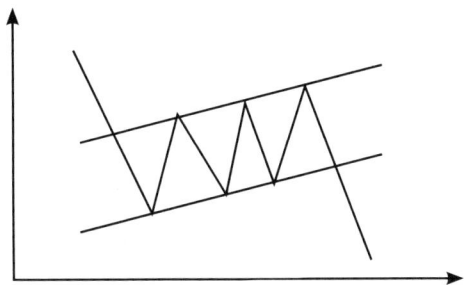

图 10-17 下降旗形形态

实例分析

下降旗形形态的应用

在纽元兑换美元的 2019 年 3 月～9 月的价格 K 线图中，5 月 23 日之前价格一直在震荡下跌。在 5 月 23 日创出最低价后，汇率止跌反弹开始上涨，高点与低点维持在一个平行区间，形成了下降旗形。7 月下旬，在连续阴线的作用下价格跌破下边线，并继续维持下跌的趋势，如图 10-18 所示。

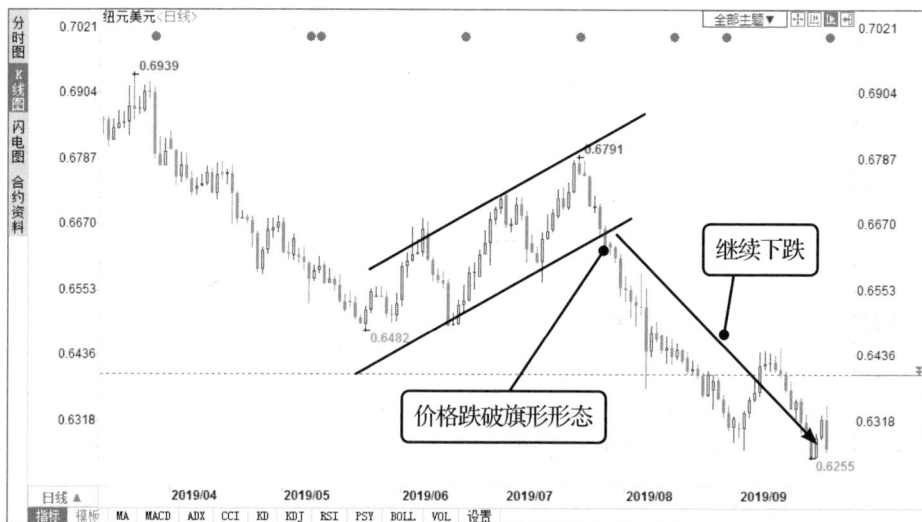

图 10-18 下降旗形形态的应用

NO.007　上升楔形形态分析外汇

楔形形态是 K 线整理形态中比较特殊的一种，它既像三角形形态，也像旗形形态。一般来说，当外汇价格运行于两条趋势线之间，并逐渐向中间靠拢时，就形成了楔形形态，当趋势通道角度迅速变小，转折随即到来。

楔形形态同样分为上升楔形与下降楔形。上升楔形形态是发生在一段持续时间较长、势头较猛的下跌趋势中，在形态中虽然价格在不断上涨，但每一次上涨波动都比较弱，最终出现跌破。

上升楔形的具体形态如图 10-19 所示。

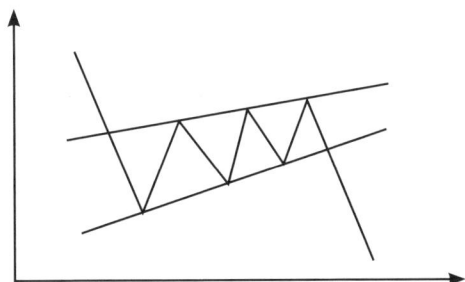

图 10-19 上升楔形形态

实例分析

上升楔形形态的应用

在美元兑换加元的 2018 年 12 月 ~ 7 月的价格 K 线图中,2019 年 2 月 1 日之前汇率价格一直处于震荡下跌阶段,在 2 月 1 日创出最低价之后价格开始回升,在回升过程中高点与低点缓慢靠拢,形成了上升楔形形态,6 月初价格跌破楔形下边线,汇价开始继续下跌行情,如图 10-20 所示。

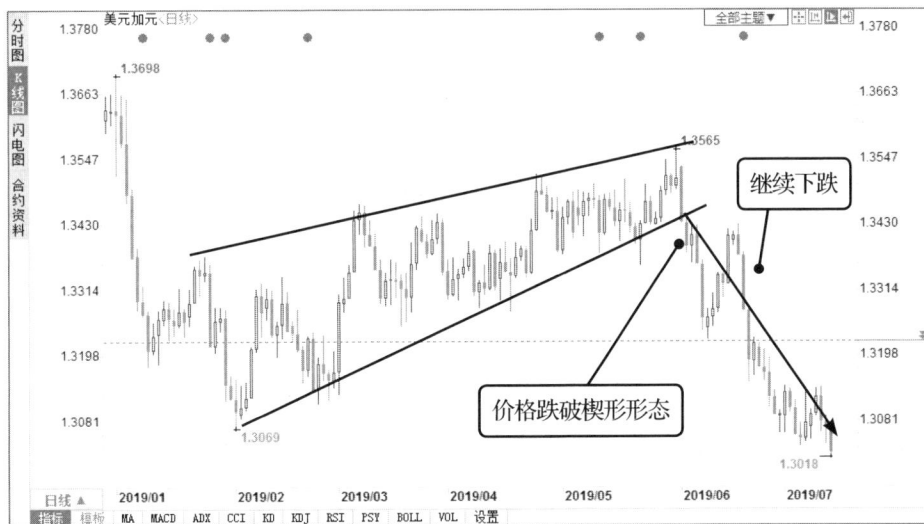

图 10-20 上升楔形形态的应用

理财贴士 *如何区别楔形与其他形态*

楔形形态在整理形态中比较难判断，那么应该如何区别它与其他的整理形态呢？

首先，楔形形态的两条线并非平行，延长之后肯定会相交形成三角形形态，一般来说如果两条线倾斜的角度不大，在趋势内很难靠拢，就可以判断为楔形形态。

另外，楔形形态必须呈一定的倾斜角度，否则就和矩形形态类似。

旗形形态上升下降与楔形形态是相反的。

NO.008 下降楔形形态分析外汇

下降楔形与上升楔形形态正好相反，它是指在外汇价格上涨一段时间后，上涨的能量开始减弱，价格逐渐向高点和低点的中间靠拢，形成下降趋势，在楔形整理结束后，往往会突破上边线继续上涨，具体如图 10-21 所示。

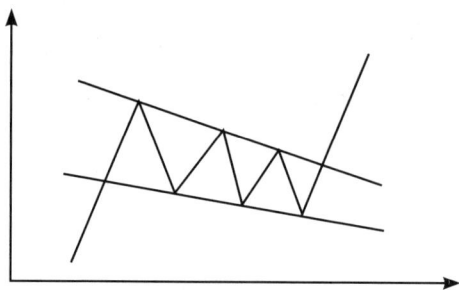

图 10-21 下降楔形形态

实例分析

下降楔形形态的应用

在美元兑换土耳其里拉的 2018 年 3 月 ~ 8 月的价格 K 线图中，在 2018 年 5 月中旬之前，价格呈现良好的涨势，一直涨到 5 月 23 日出现一次明显的高点，此后价格开始回落，在回落过程中高点与低点逐渐靠拢，形成了下降楔形。在 8 月初，连续的阳线拉升价格突破了楔形的上边线，开始了新一轮的剧烈涨势，如图 10-22 所示。

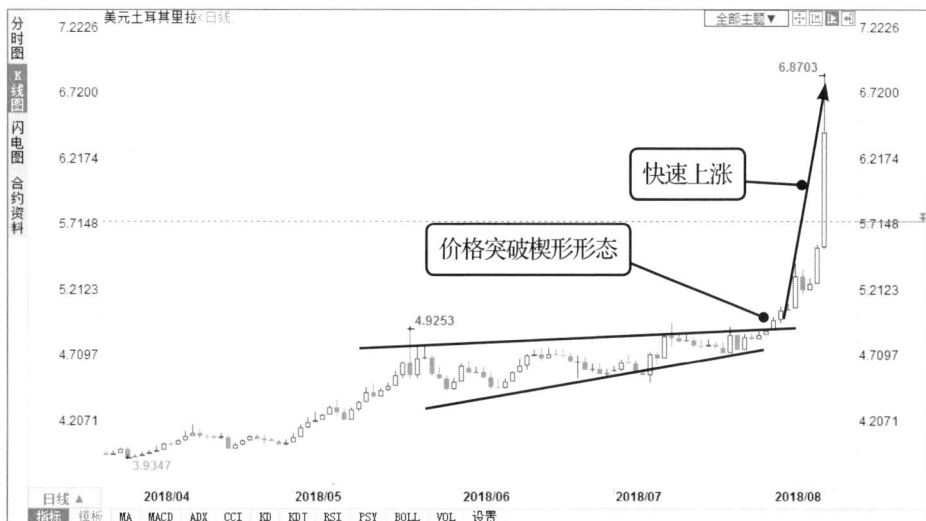

图 10-22　下降楔形形态的应用

10.2 K 线反转形态

K 线的反转形态出现的频率要比整理形态多，在实战中也更为重要，一旦投资者掌握了外汇的价格反转规律，就可轻松应对价格风险，实现快速获利。

NO.009　V 形底与 V 形顶分析外汇

当价格到达底部或顶部不出现横盘整理时，就形成了 V 形底或 V 形顶。

理财贴士　*V 形反转的应用要点*

V 形反转在应用时最好注意如下的细节。

在转势点必须有成交量配合，如果缺少了成交量，趋势可能不会反转或形成圆弧反转。

如果价格已经形成了 V 形反转，但之后出现了跌破或突破，则说明 V 形后半段的趋势无效。

（1）V形底形态

V形底反转指的是外汇价格快速下跌之后又立刻上涨，并且在反转期间没有横盘整理，只留下一个低点，具体的形态如图10-23所示。

图10-23 V形底反转

实例分析

V形底反转的应用

在欧元兑换纽元的2019年6月～10月的价格K线图中，进入7月中旬后，在九连阴的作用下，汇率出现一波快速下跌行情，并创出最低价，之后价格迅速上涨将价格拉升脱离下跌趋势，形成了V形底反转，此后价格继续上涨，如图10-24所示。

图10-24 V形底反转的应用

（2）V形顶形态

V形顶和V形底是相反的，它是指外汇价格在快速上涨之后出现快速下跌，形成倒V形状，如图10-25所示。

图 10-25 V形顶反转

实例分析

V形顶反转的应用

在欧元兑换英镑的2017年7月～2018年1月的价格K线图中，在2017年8月29日之前，汇率出现较为剧烈的上涨，并在8月29日当天创出最高价，之后价格出现了暴跌走势，形成了V形顶反转，随后价格经历了一波长时间的下跌走势，如图10-26所示。

图 10-26 V形顶反转的应用

NO.010 双重底与双重顶分析外汇

V形反转只有一个底或顶，但在外汇实际分析中，还可能出现双重顶或双重底，形成"W"形态。

（1）双重底形态

所谓双重底，是指外汇价格在下降时出现了一次低点后，走势开始回升，但之后再次回落又一次出现低点，两次低点大致在同一水平位置上，具体如图 10-27 所示。

图 10-27 双重底反转

实例分析

双重底反转的应用

在欧元兑换人民币的 2018 年 4 月～8 月的价格 K 线图中，5 月 29 日之前价格一直处于下跌的趋势，在 5 月 29 日创出最低价后出现回升，但之后继续下跌，6 月 15 日又出现了一次低点，且两个低点大致在同一水平位置上，形成了双重底反转。在此之后，汇率价格走出跌势开始上涨，如图 10-28 所示。

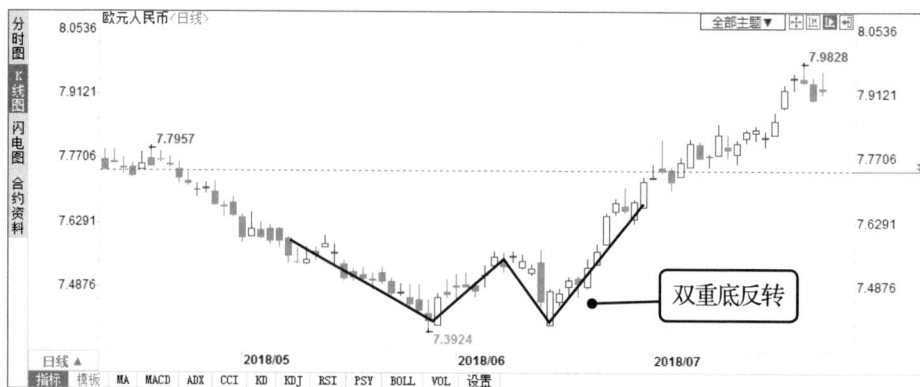

图 10-28 双重底反转的应用

（2）双重顶形态

与双重底相反的是双重顶形态，它一般出现在价格的顶部，是指汇率在一段上涨之后出现回落，但之后再次冲高形成了两次高点，且两个高点大致在同一水平位置上。具体的形态如图 10-29 所示。

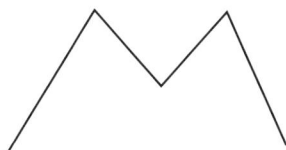

图 10-29 双重顶形态

实例分析

双重顶反转的应用

在欧元兑换纽元的 2018 年 8 月～ 2019 年 2 月的价格 K 线图中，价格上涨到 2018 年 9 月中旬后价格运行到一个高点，随后出现回落。最终价格在 10 月初止跌后继续上涨，在 10 月 8 日创出最高价后回落，且两个高点大致在同一水平位置上，形成双重顶反转形态。此后价格开始反转下跌，如图 10-30 所示。

图 10-30 双重顶反转的应用

理财贴士 *三重顶／底与圆弧顶／底*

外汇价格会形成 V 形反转、双重顶／底反转，自然也会形成三重顶／底反转。

三重顶与三重底是指在价格涨跌之后，出现大致同一水平位置的 3 个高点或低点，反转信号更为强烈。如果三重顶、三重底的顶点不明显，形成圆弧形状，则就形成了圆弧顶和圆弧底形态，也是比较常见的反转形态。

NO.011 头肩底与头肩顶分析外汇

在反转形态中，还有一种较为特殊的形态——头肩型反转。

（1）头肩底形态

如果外汇价格在下跌过程中出现回升，再次下跌后又反转上涨，总共出现了两次副低点一次低点，且两次副低点位置基本相同，那么就形成了与头肩顶相反的反转形态——头肩底，具体的形态如图 10-31 所示。

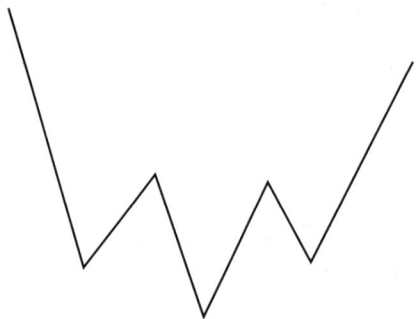

图 10-31 头肩底形态

实例分析

头肩底反转的应用

在英镑兑换人民币的 2019 年 6 月 ~ 10 月的价格 K 线图中，价格在下跌到 7 月后跌势减缓，在 7 月中旬价格下跌到阶段性的底部后开启了一波短暂的反弹形成副低点一，随后价格还是大幅快速下跌，创出最低价，之后出现反转回升，形成低点。价格在反弹到 7 月中旬的反弹高点附近后再次跌落，但是此次下跌在前期的最低点的上方止跌回升，形成副低点二。两个副低点位置大致相同形成了头肩底形态，此后价格开始反转上涨，如图 10-32 所示。

图 10-32　头肩底形态

（2）头肩顶形态

头肩顶顾名思义就是像人的头部和肩部，有一个高点与两个副高点，且两个副高点位置基本相同。具体指价格在上涨中先回落，然后再升到最高点，之后再次下跌，然后再次上升到一个高点，之后出现下跌趋势，具体如图 10-33 所示。

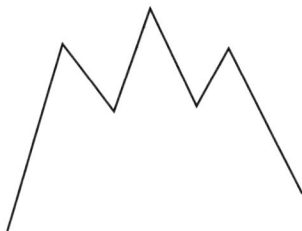

图 10-33　头肩顶形态

实例分析

头肩顶反转的应用

在欧元兑换英镑的 2019 年 4 月～ 11 月的价格 K 线图中，价格从 2019 年 5 月开始一波良好的上涨走势，于 7 月中旬到达阶段性高点之后出现回落，形成副高点一。同时在 7 月下旬至 8 月中旬涨至最高点后再次下跌，形成高点。在此之后于 9 月下旬再次冲至一次副高点一位置止涨下跌，形成副高点二，与前面形成头肩顶反转形态。在此之后，汇率出现了较为剧烈的下跌，如图 10-34 所示。

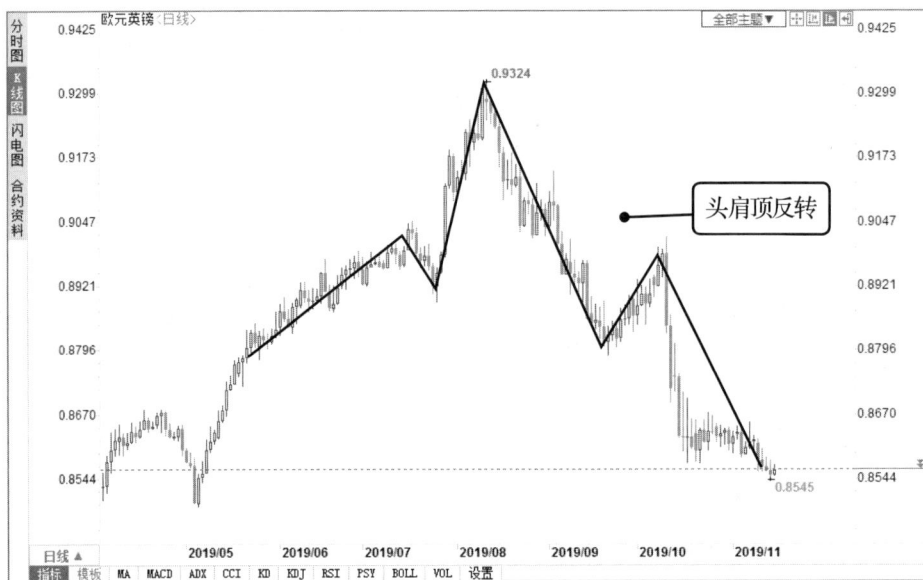

图 10-34 头肩顶反转的应用

第 11 章

通过趋势线和移动平均线分析汇市

分析行情走势主要是研判汇市未来的变化趋势，从而指导投资者分析买卖机会。在提供的各种技术分析方法中，趋势线和移动平均线就是常见的研究汇市趋势变化的技术指标。那么，它们到底对我们投资外汇有什么帮助呢？带着疑问我们就来学习本章的内容。

11.1 认识趋势线

外汇的价格变化复杂，我们可以利用趋势线将其走势表示出来，从而更好地判断多空操作。

趋势线包含的内容有很多，除了最常见的上涨或下跌趋势外，移动平均线、通道线等都属于趋势线的范畴。这里介绍的是直线趋势线。

NO.001 直线趋势线的种类

直线趋势线是指在转势信号出现之前，汇率会沿着波动的方向一直运动。直线趋势线一般来说有 3 种形态，分别为上涨趋势、下跌趋势与震荡趋势。

（1）上涨趋势线

上涨趋势线是指在外汇行情变动中，中间的每一个高点依次升高，每一个低点也依次升高，具体如图 11-1 所示。

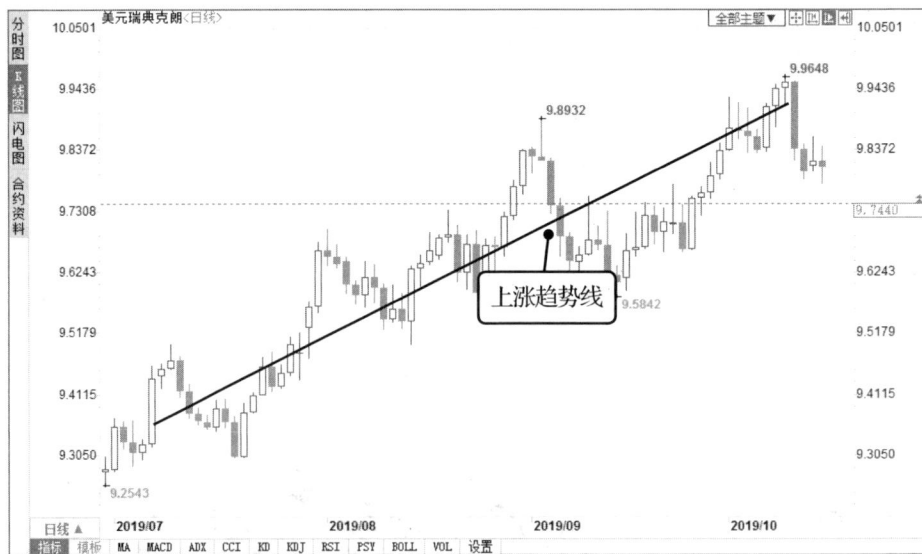

图 11-1 上涨趋势形态

理财贴士 *趋势线的绘制*

在前面第 5 章的内容中，我们已经介绍了如何利用投资软件绘制 K 线辅助线，趋势线的绘制可以采用同样的方法，但是有如下需要注意的地方。

一般来说，两次价格底部或者顶部就可以画出一条有效的趋势线，但是需要第 3 个顶部或者底部才能确认趋势的形成，如果趋势线在第 3 个点就被突破，那么趋势是不成立的。

（2）下跌趋势线

下跌趋势一般出现在一次价格下跌的行情中，中间的每一个高点依次下跌，每一个低点也依次下跌，那么就形成了下跌趋势，具体如图 11-2 所示。

图 11-2 下跌趋势线

（3）震荡趋势线

震荡趋势线也被称为横盘趋势线，它表示在一次价格运动当中，顶和顶部持平，底部与底部持平，如图 11-3 所示。

图 11-3 震荡趋势线

NO.002　新的趋势线

在外汇实战分析中，使用一根趋势线进行分析可能会出现预判不准确的情况，这时需要绘制新的趋势线，具体如图 11-4 所示。

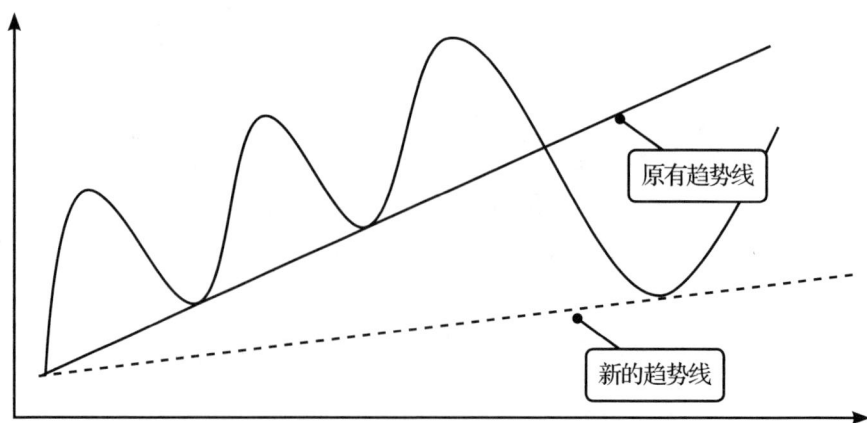

图 11-4 新的趋势线

当出现新的趋势线的时候，原有的趋势就失去了意义，需要根据新的趋势来判断后市的运行。

实例分析

新的趋势线的应用

在欧元兑换日元2018年12月～2019年8月的价格K线图中，价格从2018年12月13日开始持续下跌，并且高点逐渐降低，低点也逐渐降低，形成了下跌趋势线。

但是到了2019年4月之后，价格下跌更加明显，后期价格形成了新的下跌趋势线。在这样的情况下，在5月以后，就需要根据新的趋势线来预判走势，如图11-5所示。

图11-5 新的趋势线的应用

NO.003 直线趋势线的应用技巧

在利用直线趋势线分析外汇市场的时候，如果掌握了图 11-6 所示的技巧，会让其发挥更大的作用。

突破

和整理反转形态一样，价格突破趋势线才能起实际作用。突破往往预示着价格会比原趋势更加剧烈。需要指出的是，只有连续两个交易日的收盘价突破 3%，突破才具有可信度。

反转

反转也是趋势线应用的重要技巧之一，在直线趋势线中，趋势线的末期出现反转形态说明一段趋势的结束，这时无论后续如何发展，都应该重新绘制趋势线。

时间性

在时间性上，外汇的价格随着趋势线的移动越久，说明该趋势线越有效，也就意味着投资者可以信任该趋势的发展。如果趋势线持续时间很短，则可能出现新的趋势线。

角度反转

在直线趋势线中，上升或下降的角度越大，说明价格走势越明朗，这样的趋势线更具有指导意义。如果一条趋势线并没有太强的倾斜角度，则可能形成震荡趋势线或趋势不成立。

不成立

在一段外汇价格走势中，如果总体趋势既有上涨又有下跌，甚至还包括横盘整理，没有明显的高点与低点形成横盘趋势。那么此时绘制趋势线的意义不大。

图 11-6 趋势线的应用技巧

11.2 认识通道线

除了趋势线之外，通道线也是非常重要的趋势线形。因为外汇价格不可能一直沿着直线运动，所以人们利用通道将高点与低点固定在一定区域内进行。

NO.004　认识直线通道线

通道线也可以被称为轨道线，一般需要由两条或两条以上的线形构成。轨道线是在趋势线的基础上发展而来的，这二者之间既有区别又有联系，具体内容如图 11-7 所示。

区别	联系
趋势线顶部或底部可能是反转信号；轨道线的突破是趋势加速的开始，原来的趋势会更加剧烈；趋势线可独立存在，而轨道线则不能。	轨道线是由趋势线发展而来的，先有趋势线，后有轨道线；趋势线与轨道线都是时间越长，趋势就越明朗。

图 11-7　趋势线、通道线的区别与联系

通道线中包括直线通道线、BOLL 布林线、ENE 轨道线等，下面就来详细认识它们。

NO.005　直线轨道线的种类

根据行情趋势的不同，直线轨道线可以分为上升轨道线、下降轨道线与多级轨道线，具体内容如下。

（1）上升轨道线

上升轨道线是基于上升趋势绘制出来的，下轨线是对汇率的支撑，上轨线是对汇率的拉升，具体形态如图 11-8 所示。

图 11-8　上升轨道

（2）下降轨道线

下降轨道线和上升轨道线是相反的两种线形，是基于下跌趋势绘制出来的。其中上轨线对通道有一个强大的压力，而下轨线起到一种向下引导的作用，使得外汇价格持续下跌，具体形态如图 11-9 所示。

图 11-9　下降轨道

（3）多级轨道线

和"新的趋势线"一样，多级轨道是在变化复杂的外汇价格变动中出现的线形，通常分为一级轨道、二级轨道与三级轨道。在一次变动趋势中，每次轨道的变动都会比之前更强烈，具体如图 11-10 所示。

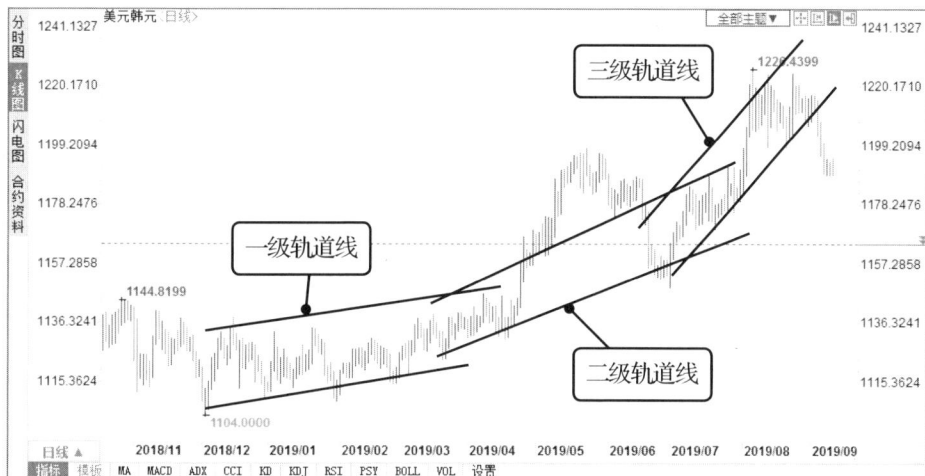

图 11-10 多级轨道

NO.006 直线轨道线的应用

直线轨道线在应用过程中可从图 11-11 所示的内容入手。

轨道内部	当外汇的价格一直处于轨道线内部运动时，只需按照原有通道判断趋势，同时还需要注意价格反弹的时机，它是有规律的。
上升轨道	在上升轨道中，如果价格突破上轨线，则轨道将发生变轨，外汇价格将加速上涨，如果突破下轨线，则可能发生反转。
下降轨道	在下降轨道中，如果价格突破下轨线，则轨道将发生变轨，外汇价格将加速下跌，如突破上轨线，则价格可能发生反转。

图 11-11 直线轨道线的应用

NO.007 BOLL 布林线

直线轨道线都是可以人工绘制出来的，另外在 K 线分析中，还有很多通过计算机计算出来的轨道线，布林线就是其中一种。

布林线也被称为 BOLL 轨道线，是通过计算价格的"标准差"，再求股价的"信赖区间"。该趋势线在图形上画出三条线，其中上下两条线可以分别看成是价格的压力线和支撑线，在两条线之间还有一条平均线。

布林线是通过交易软件绘制出来的，具体形态如图 11-12 所示。

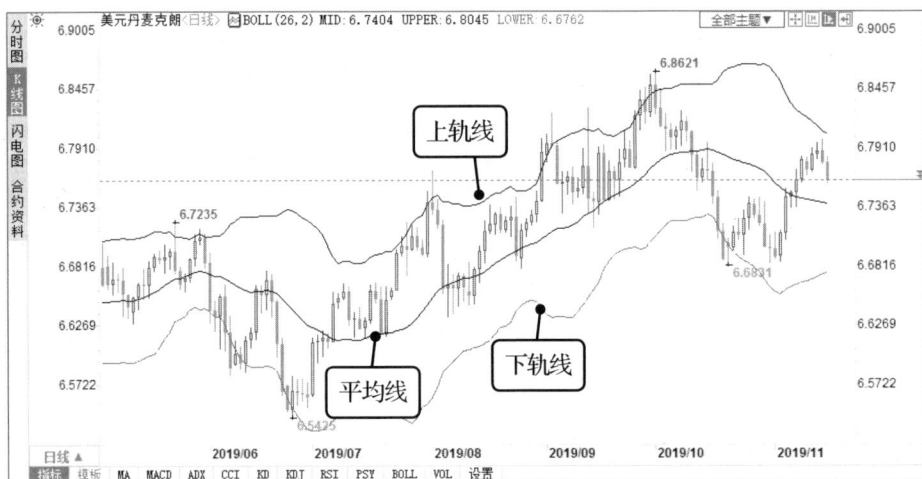

图 11-12 BOLL 布林线

布林线的应用是通过轨道的宽度与 K 线交叉来实现的，具体内容如图 11-13 所示。

买入信号	卖出信号
当 BOLL 轨道线很长一段时间处于窄幅运行的状态，在某一时间内，K 线向上突破 BOLL 上轨线，并且轨道线形态逐渐变大，说明后市可能出现上涨，是一种买入信号。	当 BOLL 轨道线很长一段时间处于窄幅运行的状态，在某一时间内，K 线向下跌破 BOLL 线的下轨线，并且轨道线形态逐渐变大，则是一种价格下跌的卖出信号。

图 11-13 布林线的应用

在使用布林线的时候，除了买卖的应用，还有如下的技巧。

◆ 当上下布林线之间的距离开始收缩时，表明价格运动进入盘整状态，适合进行高抛低吸。

◆ 当上下布林线之间的距离开始扩展时，表明价格震荡加剧，可能进入突破状态，需要顺势而为。

◆ 若价格在中轨之上运行，布林线开口逐步收窄，上轨、中轨和下轨逐步接近，当上下轨数值差接近10％之时，为最佳的买入时机。

11.3 用移动平均线分析外汇

移动平均线是一种常见的技术指标，也是分析价格的重要工具。下面我们就详细来了解如何使用移动平均线分析汇市。

NO.008 什么是移动平均线

移动平均线简称 MA，原本的意思是移动平均，由于一般将其制作成线形，所以称之为移动平均线，简称均线。具体的制作方法是将某一段时间内的收盘价之和除以周期得到的，如日线 MA5 就是将 5 个交易日内的收盘价之和除以 5。

理财贴士 *在盘面中查看移动平均线*
在任何一个交易网站或是投资软件中看盘，都是可以直接查看移动平均线。在交易软件中，我们可设置显示或不显示平均线，同时还可以修改显示的周期与移动平均线的数量。

尽管交易软件多种多样，并且可以修改统计参数，但人们一般约定俗成，将投资移动平均线分为了 5 日、10 日、30 日、60 日等多种方式。

图 11-14 展示了一副常见的移动平均线图。

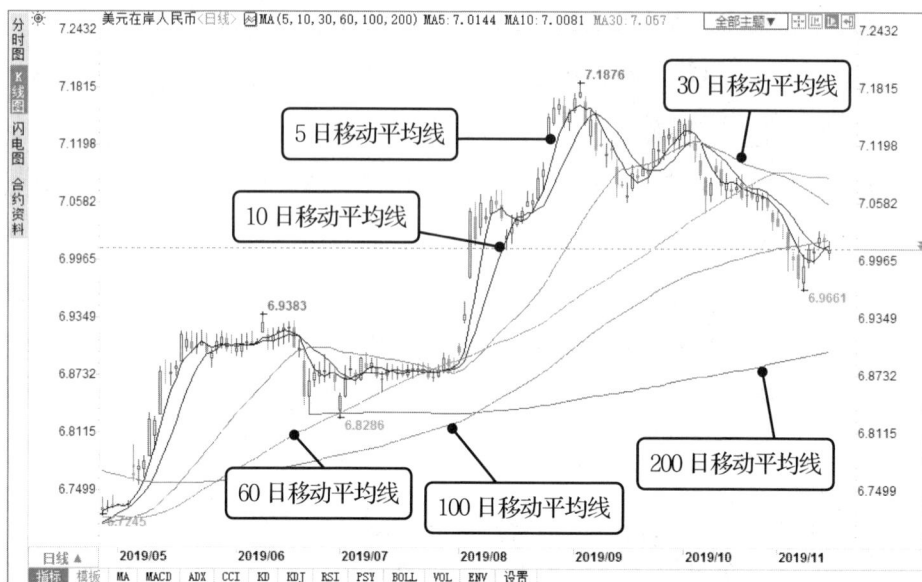

图 11-14 移动平均线图

NO.009 移动平均线的特点与种类

在利用移动平均线分析汇率的时候，要注意移动平均线的特点，具体如表 11-1 所示。

表 11-1

特点	交易风险
滞后性	移动平均线的滞后性是在使用时需要特别注意的地方，当汇率价格变化时，移动平均线只能在统计周期之后才发出信号
追踪趋势	如果从外汇的 K 线图中能够找出上升或下降趋势线，那么移动平均线的曲线将保持与趋势线方向一致，并消除中间出现的起伏
助涨助跌性	助涨助跌性也是移动平均线的特点之一，当价格突破均线时，无论是向上突破还是向下突破，价格有继续向突破方向再走一程的愿望

除了以上的特点之外，如果对移动平均线进行分类，还可以从周期性来对其划分，具体的分类如图 11-15 所示。

短期移动平均线

一般为 5 日、10 日移动平均线，短期移动平均线可以作为投资者短期买卖外汇的依据，但是短期移动平均线的信号一般是很难把握的。

中期移动平均线

一般为 20 日、30 日、40 日、60 日移动平均线。相对来说，中期移动平均线使用率最高，特别是 30 日移动平均线。在使用中期移动平均线时，要注意时间长度的区分，如 20 日与 30 日移动平均线的差异并不太大，使用这两条线判断时会使结果出现偏差。

长期移动平均线

一般为 120 日、150 日、200 日、250 日移动平均线，这是适合超长期外汇投资使用的移动平均线。

图 11-15 移动平均线的周期性分类

NO.010 移动平均线的黄金交叉

所谓黄金交叉，是指短期的移动平均线向上突破中期或长期的移动平均线，形成交叉。当出现黄金交叉的时候，表示后市将发生涨势。黄金交叉的具体形态如图 11-16 所示。

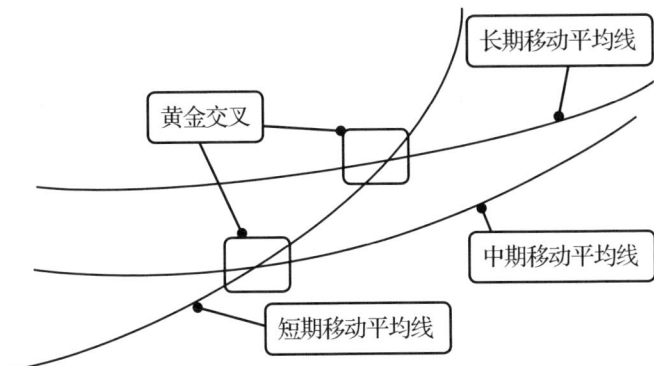

图 11-16 移动平均线的黄金交叉

实例分析

移动平均线黄金交叉的分析

在美元兑换离岸人民币的 2019 年 1 月 ~ 5 月的价格 K 线图中，价格下跌到 2019 年 2 月底后止跌，随后进入横盘整理阶段。移动平均线相互交错在一起。

在 4 月 22 日以后，连续 4 个交易日阳线报收拉升价格。5 日均线拐头向上，逐步上穿 10 日和 30 日均线形成黄金交叉，后市价格继续上涨，如图 11-17 所示。

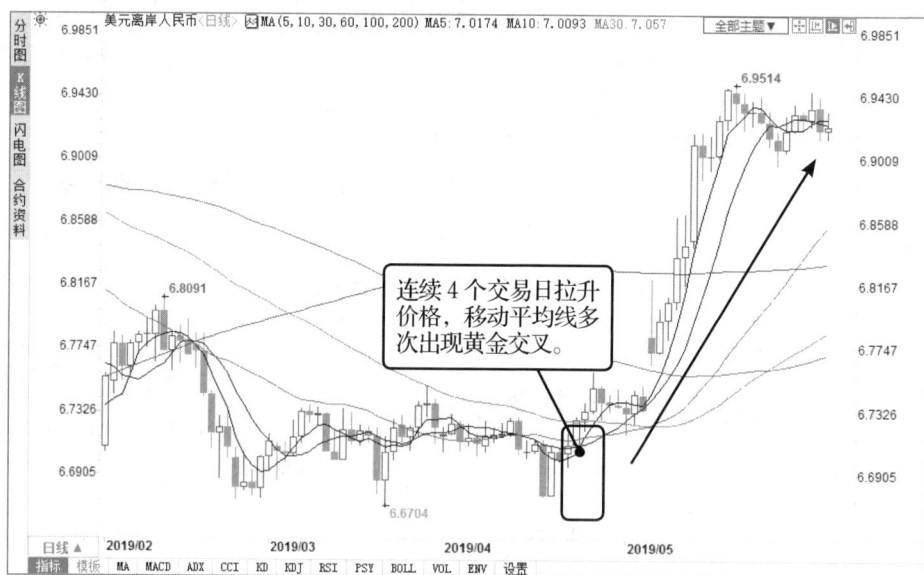

图 11-17 移动平均线黄金交叉的分析

NO.011 移动平均线的死亡交叉

死亡交叉是和黄金交叉相反的移动平均线形态，它是指在汇率价格下降过程中，短期移动平均线由上向下穿过下降的中期或长期移动平均线，是典型的做空卖出信号，具体形态如图 11-18 所示。

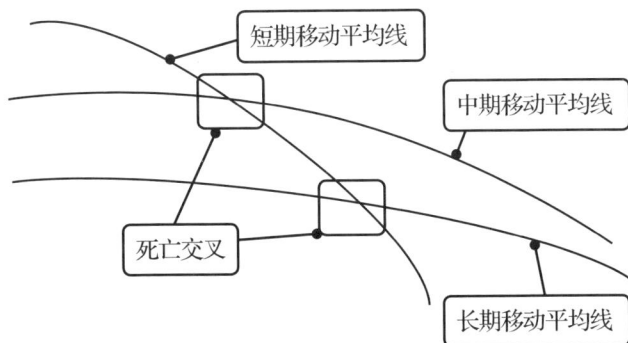

图 11-18 移动平均线的死亡交叉

实例分析

移动平均线死亡交叉的分析

在美元兑换新元的 2019 年 7 月～11 月的价格 K 线图中，价格在 9 月 3 日创出阶段性新高价后开始下跌。随后 5 日移动平均线次日下穿 10 日移动平均线形成死亡交叉，随后价格继续下跌，5 日均线继续下穿 30 日移动平均线。此后价格继续下跌趋势，如图 11-19 所示。

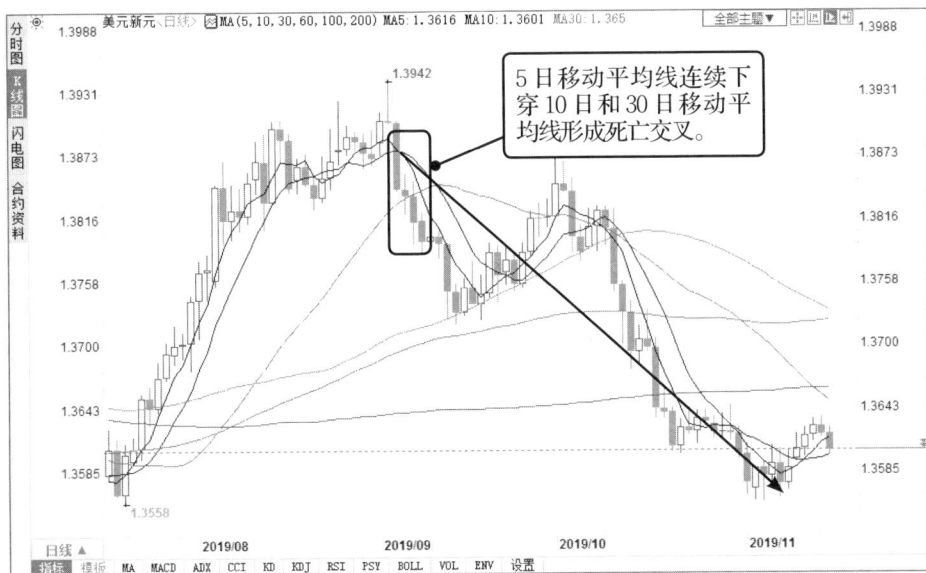

图 11-19 移动平均线死亡交叉的分析

NO.012　移动平均线的多头排列

除了交叉之外，移动平均线还会形成一定的规律排列，这些规律也是我们预判价格涨跌的工具之一。

多头排列是指外汇价格在上涨行情中，由 3 根或 3 根以上的移动平均线组成的向上运行的排列形态，且最上面的一根为短期移动平均线，中间为中期均线，下面为长期均线，具体的形态如图 11-20 所示。

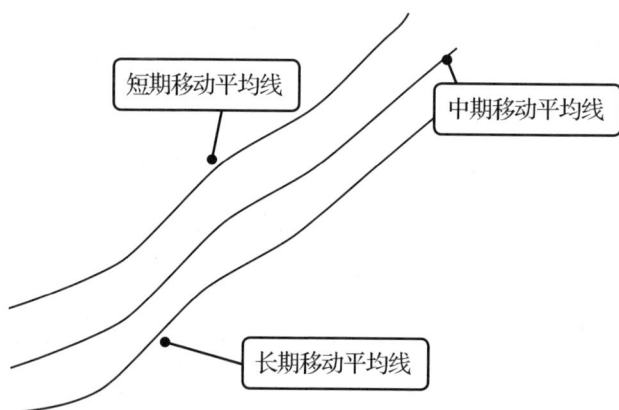

图 11-20　移动平均线多头排列

使用多头排列的时候要注意，各条移动平均线需要在 K 线的下方才能形成多头排列，否则其预示上涨的信号不强。

实例分析

移动平均线多头排列的分析

在美元兑换韩元的 2019 年 1 月～5 月的价格 K 线图中，3 月中旬之前，价格在 200 日移动平均线上方运行，其他各条移动平均线呈现出一种交错排列的混乱势态。3 月中旬后，汇率开始微幅上涨，移动平均线逐渐摆脱混乱开始呈现规律上涨的趋势，尤其在 4 月中旬后，5 日、10 日、30 日、60 日、100 日和200 日移动平均线从上到下形成多头排列。在这样的情况下，后市价格上涨较为剧烈，如图 11-21 所示。

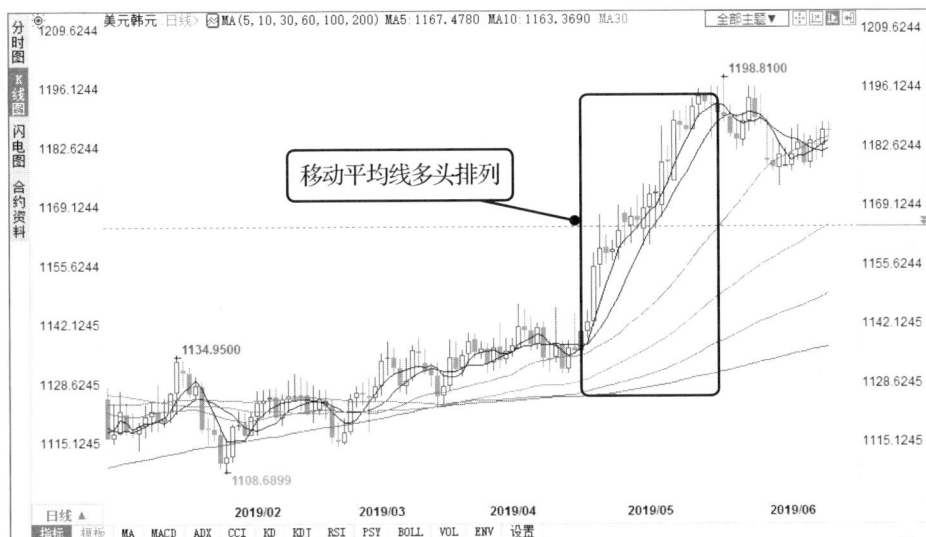

图 11-21 移动平均线多头排列的分析

NO.013 移动平均线的空头排列

和多头排列相反的移动平均线组合是空头排列，它是指在价格下跌的趋势中，由3根移动平均线组成的向下运行的排列形态，并且从上到下分别为长期、中期、短期移动平均线的组合，具体形态如图 11-22 所示。

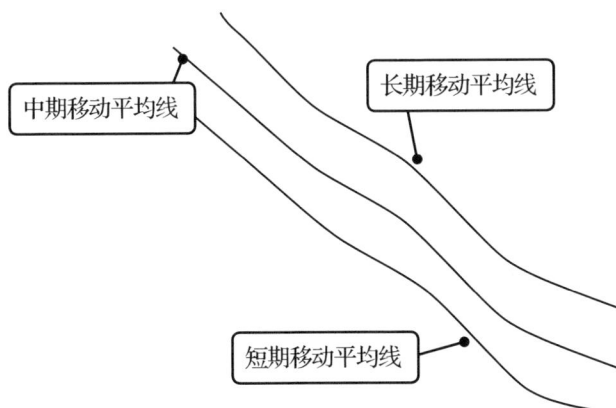

图 11-22 移动平均线空头排列

实例分析

移动平均线空头排列的分析

在人民币兑换港元的 2018 年 2 月～ 10 月的价格 K 线图中，3 月中旬价格见顶后开始回落。在 2018 年 6 月后，5 日、10 日、30 日、60 日和 100 日形成空头排列。随着空头排列的延续，价格依托 5 日均线在中长期均线的下方继续快速下跌，如图 11-23 所示。

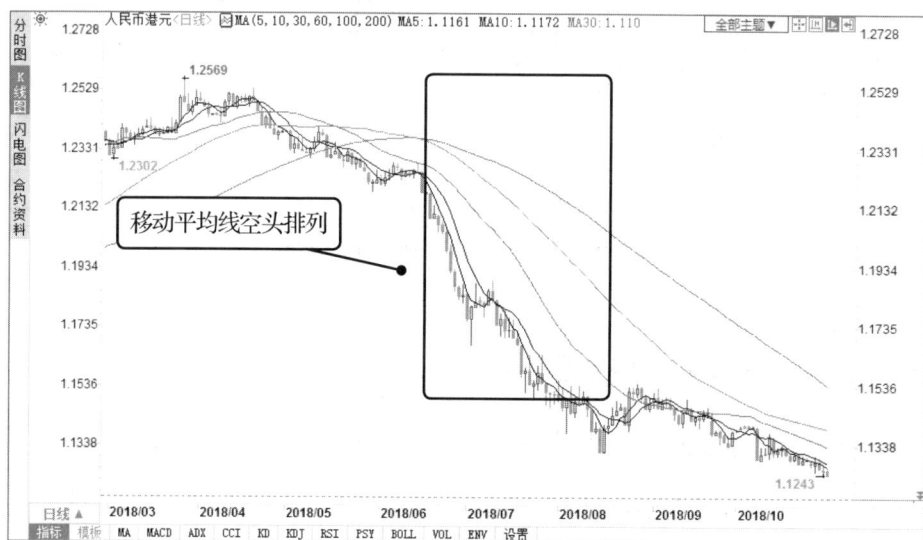

图 11-23 移动平均线空头排列的分析

第 **12** 章

利用技术指标分析汇市

在汇市盘面分析中，除了利用前面介绍的K线、趋势线、移动平均线来分析之外，汇市中还有许多可靠的技术指标供投资者分析价格变化走势。本章就来介绍一些常见的技术指标的应用，以便帮助投资者更精确、有效地分析汇市的涨跌，预测最佳买卖点。

12.1 认识技术指标

技术指标是在汇市、股市、贵金属交易市场等投资领域中非常常用的技术手段，它通过数学公式，由系统对价格数据进行整理，形成新的趋势线。我们在上一章中介绍的移动平均线，就是最简单的技术指标之一。

NO.001 技术指标应用概述

技术指标的种类非常多，如 MACD 指标、KDJ 指标、RSI 指标等。作为一种非常有效的技术手段，技术指标的应用仍然具有一定的局限性，在使用之前，最好简单进行了解，具体如表 12-1 所示。

表 12-1

局限性	说明
随机性	汇率价格随时都在发生变化，因此技术指标所发出的买卖信号，一般可以看作一次随机的过程。它反映的是一个过去的行情，而预测的则是未来行情走势的可能性
偏离性	技术指标很容易产生偏离，从而传递出错误的买卖信号。当汇率价格出现背离时，灵敏度和可靠性一般都比较差
片面性	每一种指标都具有局限性与片面性，所反映的数据信息较为简单，一般为某项数据或某时间段的数据，不能全面地进行汇市分析
不对等性	技术指标与趋势线理论相结合，可有效预测汇率升降，但在下降过程中，其作用要小于上升过程
复杂性	技术指标只是价格的另一种体现，如果没有技术指标，汇率价格依然存在。所以技术指标往往将简单的趋势复杂化，让投资者搞错方向

理财贴士 *K 线与技术指标*

严格意义来说，K 线图也是技术指标的一种，它是属于图表类技术指标的类别，通过 K 线可衍生出很多新的技术指标。因为 K 线图的实用性，在人们研究汇市过程中，一般单独列举 K 线图，而不会将其归类到技术指标中。

NO.002 技术指标的不同形态

技术指标作为一种非常重要的盘面分析手段，它经常会随着汇率的变化而出现不同的形态，一般有 3 种主要的形式。不同的技术指标形式对我们预判走势有着不同的影响，下面我们就分别来看看这些形态。

（1）技术指标的交叉

技术指标的交叉，和我们在上一章中介绍的移动平均线组合类似，常见的有黄金交叉和死亡交叉两种。

一般来说，黄金交叉是在上涨的指标中出现的，寓意着汇价后市将继续上涨，短期内不会出现下跌，是做多的好时机；而死亡交叉则是出现在下跌过程中，寓意着汇价后市会继续下跌，应积极做空。

（2）技术指标穿越 0 轴

所谓的穿越 0 轴，就是指技术指标从多方转为空方，或从空方转为多方，指标线趋势穿越 0 轴分为向上穿越和向下穿越，它可以非常明显的预测未来的汇市发展，具体形态如图 12-1 所示。

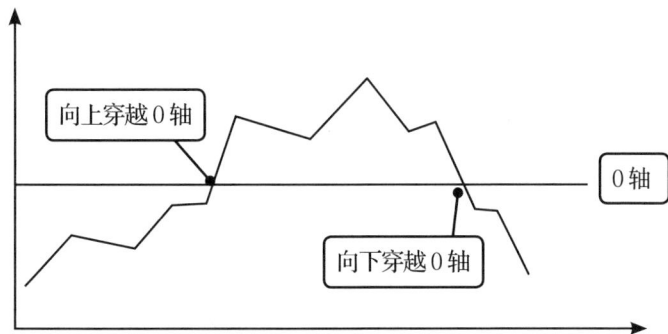

图 12-1 技术指标穿越 0 轴

严格意义来说，技术指标的单一上涨和下跌并不能明确作为判断汇率上升或下降的标准，但当技术指标穿越 0 轴时，就使得其可靠性增强。

（3）技术指标的其他形态

除了以上两种常见的形态之外，技术指标出现的形态还有很多，下面我们就来简单了解一下，具体如图12-2所示。

背离

技术指标背离是一种常见的技术指标与汇率不一致的情况，分为顶部背离与底部背离两种。顶部背离是指在汇率出现了比前一次高的顶点之后，技术指标却没有出现明显的上涨，而是出现了下跌。这种情况表示汇率的此次上涨不会太持久，可能马上就会下跌。而底部背离与顶部背离正好相反，当汇率价格出现比前一次低的低点时，技术指标没有出现下跌而是开始上涨，这就说明汇率可能不会持续下跌，会在不久之后反转上涨。

高位低位

技术指标进入高位或者低位，表示外汇交易进入了超买期或超卖期，在这期间汇率是极度敏感的，大幅上涨或大幅下跌都只在一瞬间。需要注意的是，不同的技术指标高低位判断的标准是不同的。

徘徊

技术指标的徘徊指的是在一段时期内，技术指标处于一种进退不明的状态，涨幅也没有非常明显的变化，这样形态的技术指标，对汇率是没有明显指向性的。

转折

技术指标的转折是指技术指标在高位或低位的时候出现明显的转折，但是在转折过程中并没有出现大幅变化，而是将前面的超卖或超买状态进行平衡，使其趋于一个稳定的状态。

盲点

技术指标处于盲点，是指在一段较长的时间内，技术指标不能对汇率的买卖进行明确的指导。如在汇率出现震荡时期，任何指标都是不起作用的。此时使用各种指标的综合判断会是比较好的办法。

图 12-2 技术指标的其他形态

12.2 MACD 技术指标

MACD 指标也叫平滑异同移动平均线指标，它是一种由双移动平均线发展而来的技术指标，它可以弥补移动平均线的不足，从而更好地预判汇率走势。下面我们就一起来认识它。

NO.003 认识 MACD 技术指标

在投资软件中，MACD 指标通常在副图窗口中显示，一般由 5 部分组成，分别是 DIFF 线、DEA 线、红色柱体、绿色柱体、0 轴，具体如图 12-3 所示。

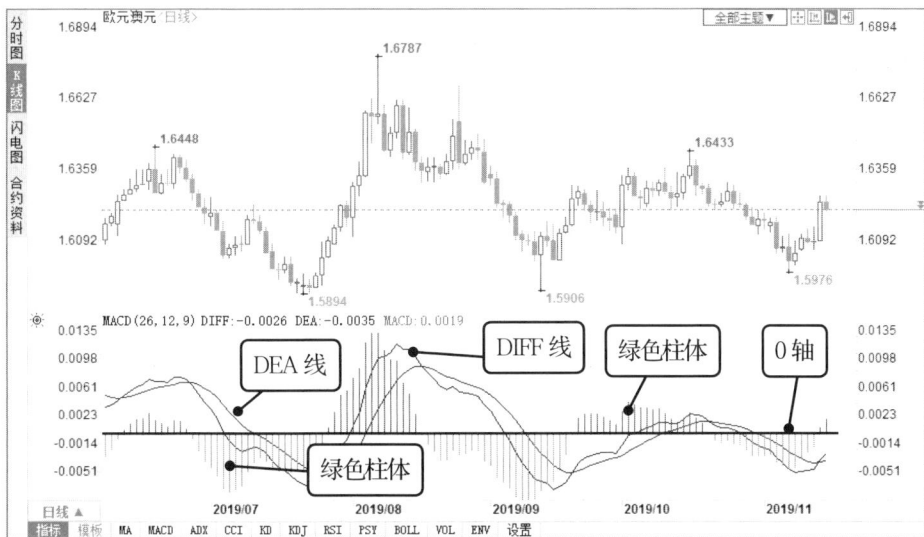

图 12-3 MACD 技术指标

在图 12-3 中，各部分的意义如下所示。

◆ **横坐标**：时间坐标，与 K 线图相同。

◆ **纵坐标**：MACD 值坐标，有正负区分。

◆ **DIFF 线**：它是快速移动平均线和慢速移动平均线的差。一般来说，差值为正，说明价格上涨；差值为负，说明价格下跌。

◆ **DEA 线**：它是由 DIFF 线计算而来，是 DIFF 线的算数平均值。

◆ **MACD 柱体**：MACD 柱体实际上反映的是该指标两条曲线的偏离程度，即 DIFF － MACD。

◆ **0 轴**：纵坐标为 0 的横线，对预判涨跌有重要的意义。

理财贴士 *平滑异同移动平均线的缺点*

平滑异同移动平均线的缺点是非常明显的：当汇率在短时间内出现较大波动时，由于它反应速度迟缓，不能迅速产生买卖的信号，所以平滑异同移动平均线不适合短线操作。另外，当汇率波动较小时，平滑异同移动平均线所发出的信号并不会十分明显，甚至会出现偏离。

NO.004　DIFF 和 DEA 线的位置形态

在 MACD 技术指标中最重要的是 DIFF 线和 DEA 线，在不同的位置，DIFF 和 DEA 线的形态会传递出不同的意义，具体如下所示。

◆ 当 DIFF 线和 DEA 线都在 0 轴上方并向上移动时，表示为行情处于多头行情中，可以买入开仓或多头持仓。

◆ 当 DIFF 线和 DEA 线都在 0 轴下方并向下移动时，表示为行情处于空头行情中，可以卖出开仓或止步。

◆ 当 DIFF 线和 DEA 线都在 0 轴上方但向下运动时，表示为行情处于下跌阶段，可以卖出开仓和观望。

◆ 当 DIFF 线和 DEA 线都在 0 轴下但向上运动时，表示为行情即将上涨，可以买入开仓或多头持仓。

NO.005　MACD 上穿 0 轴

前面说在 MACD 技术指标中 0 轴是非常有用的工具，这主要是指 MACD 对 0 轴的穿越，分为上穿与下穿。

MACD 上穿 0 轴是指 DIFF 和 DEA 线都向上穿越 0 轴，一般预示着后市将上涨，具体形态如图 12-4 所示。

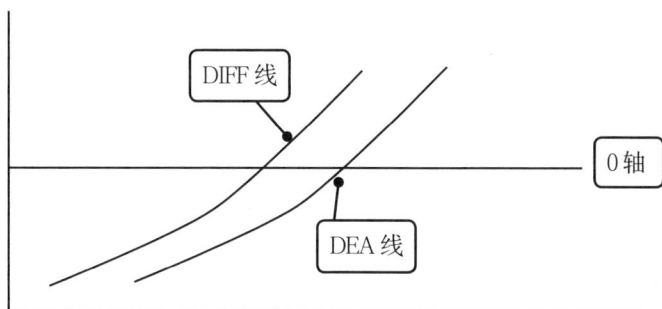

图 12-4 MACD 上穿 0 轴

实例分析

MACD 上穿 0 轴的应用

在英镑兑换纽元的 2019 年 6 月～11 月的价格 K 线图中，在 8 月之前，价格一直处于震荡下跌的走势中，7 月 30 日，价格创出最低价后开始企稳回升。8 月中旬，MACD 的两条线都上穿 0 轴，后市价格出现了明显的上涨趋势，如图 12-5 所示。

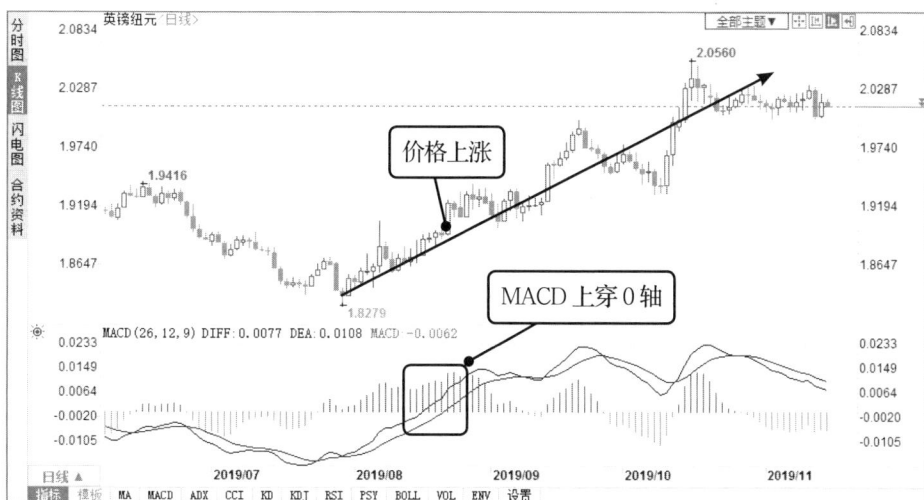

图 12-5 MACD 上穿 0 轴的应用

NO.006 MACD 下穿 0 轴

MACD 下穿 0 轴和上穿 0 轴是完全相反的技术指标形态，一般预示着后市将出现下跌，具体形态如图 12-6 所示。

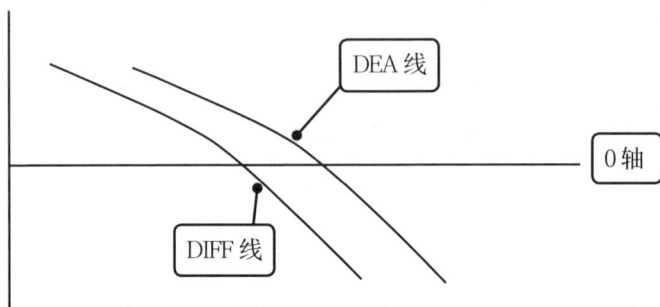

图 12-6 MACD 下穿 0 轴

实例分析

MACD 下穿 0 轴的应用

在欧元兑换英镑的 2019 年 6 月～ 11 月的价格 K 线图中，在 8 月 12 日创出最高价格之前，汇率一直处于上涨行情中，在创出最高价后价格回落，MACD 的两条线拐头向下，随后相继下穿 0 轴，后市的汇率价格出现了持续下跌，如图 12-7 所示。

图 12-7 MACD 下穿 0 轴的应用

理财贴士 *注意穿越的角度*

和移动平均线的交叉一样，MACD 上穿 0 轴或下穿 0 轴的角度越大，说明后市价格上涨
或下跌的力度越强，投资者可以放心做单。

NO.007 MACD 指标 0 轴的应用

前面讲到在 MACD 指标中柱体是非常有效的工具之一。在 MACD 指标中，
如果柱体在 0 轴的上方，一般显示为红色柱体，表示当前市场正处于多头，外
汇价格处于上涨阶段，如图 12-8 所示。

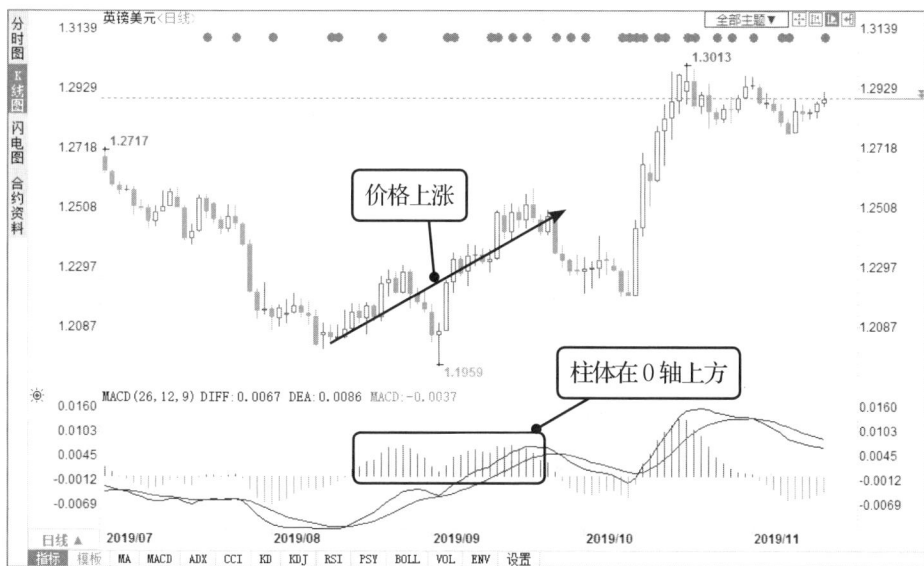

图 12-8 MACD 柱体在 0 轴上方

相对应的，如果 MACD 的柱体在 0 轴下方，一般的交易软件是用绿色表示。
它表示的意思是当前市场正处于空头，外汇价格将处于下跌阶段，如图 12-9
所示。

图 12-9 MACD 柱体在 0 轴下方

12.3 KDJ 技术指标

对于短期外汇投资者来说，KDJ 指标是帮助分析走势的好帮手。在实战交易中，KDJ 指标对短期内的价格反转有明显的预判作用。

NO.008 什么是 KDJ 指标

KDJ 指标，又被称为随机指标，是以最高价、最低价及收盘价为基本数据进行计算得出的指标。其中包括 K 线、D 线与 J 线。

在 KDJ 指标中，K、D、J 数据有不同的统计周期，一般在图中会显示如 "KDJ（9，3，3）" 的字样，这就表示最高价统计周期为 9 日、最低价与收盘价为 3 日。在看盘软件中，这 3 个统计周期是可以修改的，但最好保证相同的比例。

KDJ 指标具体的形态如图 12-10 所示。

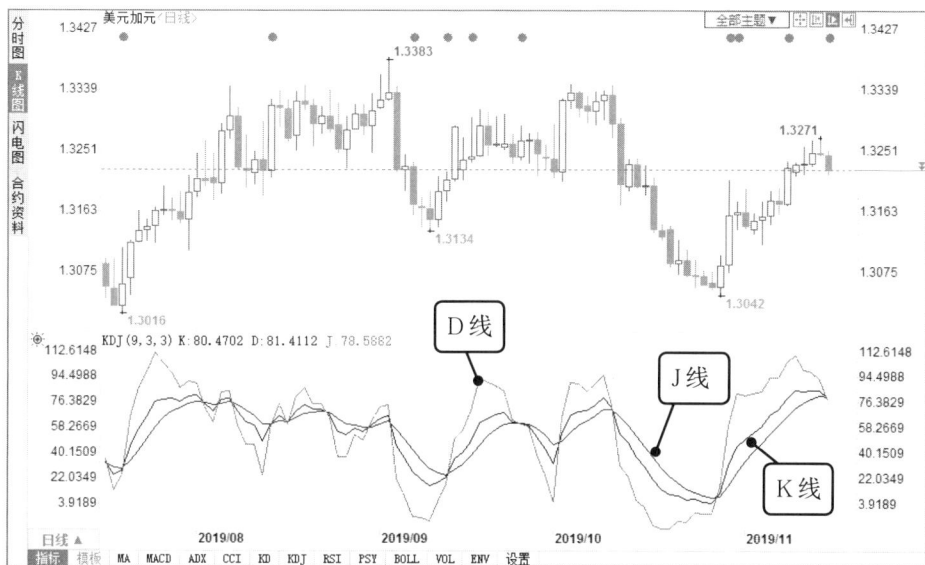

图 12-10 KDJ 随机指标

NO.009 KDJ 指标预判超买超卖

所谓超买超卖，是价格走势的一种状态。超买是指市场超出买方的能力，价格在显著上涨后出现下跌。

反之，超卖就是价格已跌到了不合理的水平，通常会发生在价格短期内急跌趋势之后。超卖意味着价格很容易出现向上的趋势。KDJ 指标对超买超卖的预判如下。

◆ K 线为快速确认线，当数值在 90 以上为超买，数值在 10 以下为超卖。

◆ D 线为慢速主干线，当数值在 80 以上为超买，数值在 20 以下为超卖。

◆ 当 KDJ3 根线全都跌破 30 时，进入超卖状态，后市可能会上涨。

◆ 在 KDJ 指标中，当 D 线突破 70 时，价格就进入了超买行情。

下面我们通过一个简单的案例来看 KDJ 指标对超买超卖的预判。

实例分析

KDJ 指标预判超卖

在美元兑换南非兰特的 2018 年 12 月 ~ 2019 年 3 月的价格 K 线图中，在 2019 年 2 月之前，价格处于震荡下跌之中。1 月 31 日，价格跌出大阴线，KDJ 指标全都处于 30 标准线之下，进入了超卖状态。次日价格继续创出新低，随后开始拉升步入上涨行情，如图 12-11 所示。

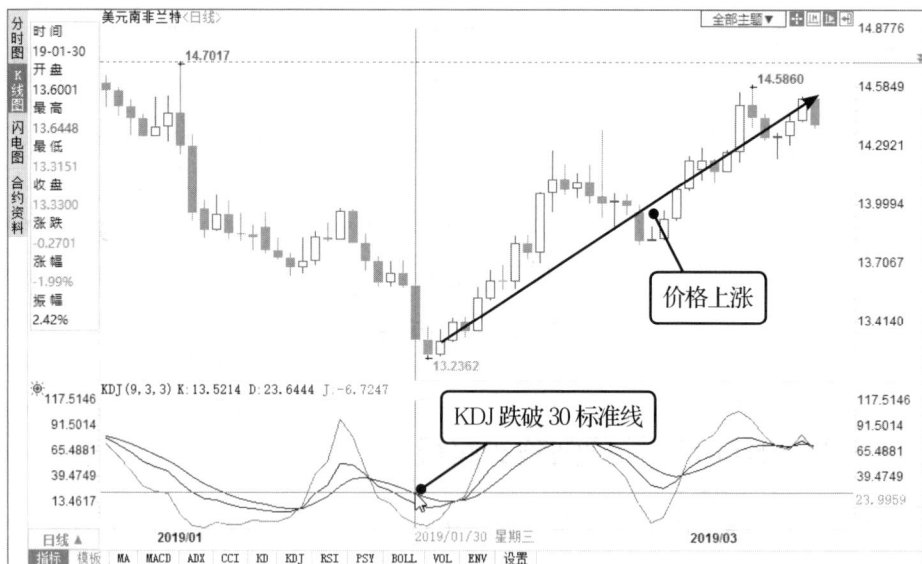

图 12-11 KDJ 指标预判超卖

NO.010 KDJ 指标的黄金交叉

KDJ 的 3 条线，在图形中一定会出现交叉的情况，甚至出现黄金交叉。黄金交叉就是汇市即将止跌并反弹上涨的信号。当 K、D、J 这 3 条线的值都小于 50 时，J 线和 K 线同时向上突破 D 线，3 条线几乎交于一点，这就形成了黄金交叉。

实例分析

KDJ 黄金交叉的应用

在美元兑换韩元的 2019 年 5 月 ~ 8 月的价格 K 线图中，在 7 月之前，汇率价格一直处于震荡下跌的行情，KDJ 三条指标线也逐步运行到 50 标准线下方。7 月 1 日，价格在到达低位后 KDJ 指标形成了黄金交叉，因此后市价格反转上涨，如图 12-12 所示。

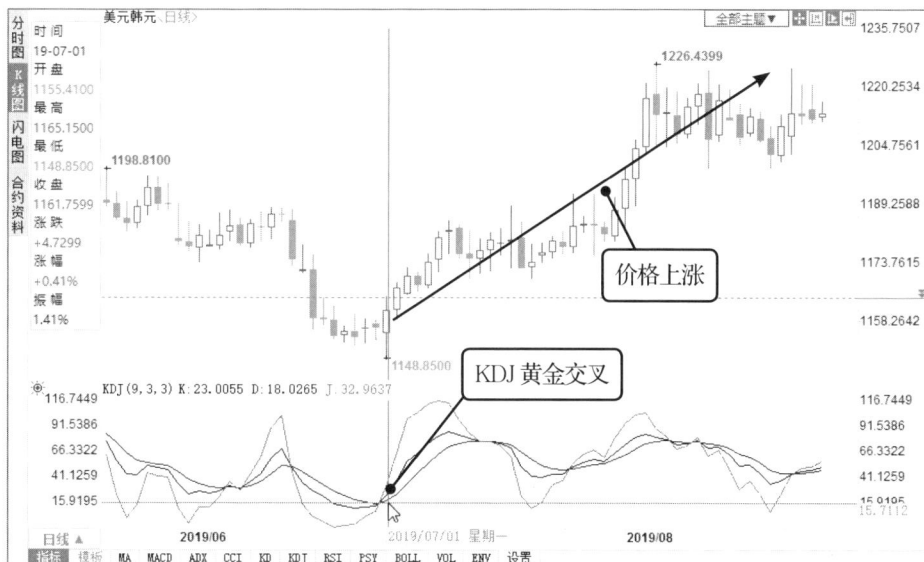

图 12-12 KDJ 黄金交叉的应用

NO.011 KDJ 指标的死亡交叉

KDJ 的死亡交叉和黄金交叉相反的一种形态，当 K、D、J 这 3 条线都处于 50 标准线上方的时候，即进入了超买行情，若 J 线和 K 线此时同时向下穿越 D 线形成的交叉，这就称为 KDJ 死亡交叉。死亡交叉的出现，说明汇市即将要发生反转，涨势结束开始下跌。

实例分析

KDJ 死亡交叉的应用

在英镑兑换美元的 2019 年 1 月～ 6 月的价格 K 线图中，5 月之前，汇率价格一直在高位震荡变化，KDJ 指标多次在 50 标准线上方形成死亡交叉，说明行情见顶，后市下跌。

在 4 月底，价格止跌后进行反弹，但是反弹力度有限，短短几个交易日后就反弹受阻回落，KDJ 指标 3 条线也拐头向下。5 月 8 日，价格售出一根中阴线继续拉低股价，此时 KDJ 指标在 50 标准线上方再次形成了明显的死亡交叉，说明下跌行情已经开启，随后价格出现暴跌，如图 12-13 所示。

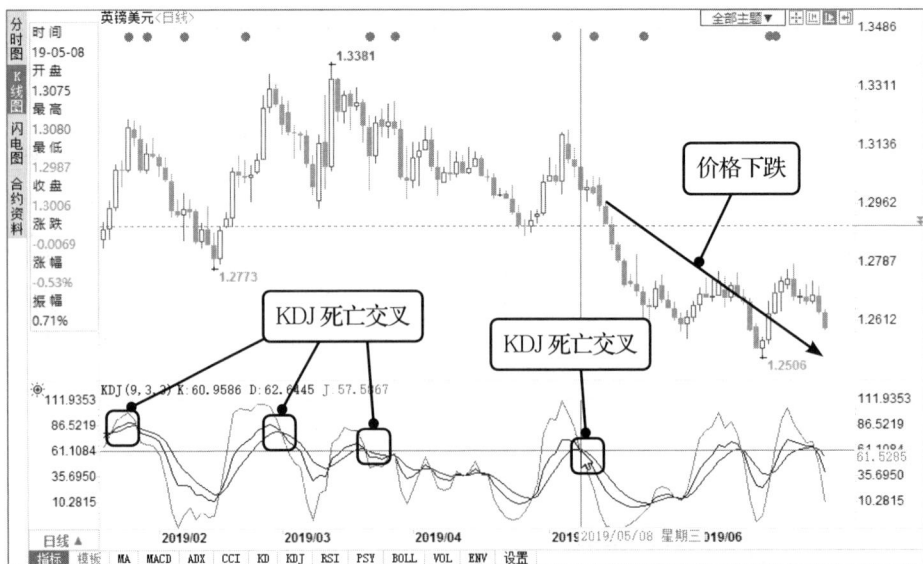

图 12-13 KDJ 死亡交叉的应用

第 **13** 章

外汇风险控制与规避方法

　　通过前面章节的学习，我们已经对外汇的基础理论、投资操作与价格分析都有了详细的了解，可以说已经正式踏入了外汇市场。然而，任何投资都是有风险的，本章就来介绍一下外汇投资中的风险及其对应的规避方法。

13.1 外汇投资的风险控制

任何投资市场都有风险，要成为投资高手，就需要认清风险的存在并学会控制风险。下面我们就一起来学习如何规避并管控汇市风险。

NO.001 外汇投资的风险

外汇是一个巨大的投资市场，风险无处不在，在实战投资过程中，我们一般将外汇的风险分为如下的一些类型。

（1）价格风险

外汇风险中最大的风险就是价格风险，它主要包括如图 13-1 所示的一些内容。

经济环境

因为国内的经济运行水平，进出口贸易受到影响，导致汇率发生变化。

经济政策

国家的经济政策会直接改变汇率，给外汇投资带来损失。

政治原因

因为战争、大国对垒等原因，使得外汇投资者面临价格风险。

货币供求

货币供求属于经济政策风险之一，但它能直接改变汇率，带来巨大损失。

图 13-1 外汇价格风险

（2）投资风险

外汇的投资风险主要指国内投资者在外汇买卖过程中所出现的风险，具体内容如图 13-2 所示。

黑平台

因为受到非法投资平台的诱骗，使得个人外汇投资出现损失。

金额限制

在外汇投资过程中，因为进出场金额的限制，给投资者带来的不便。

时间限制

因为投资平台的限制，资金进出场时间有所延缓，以致错失获利的机会。

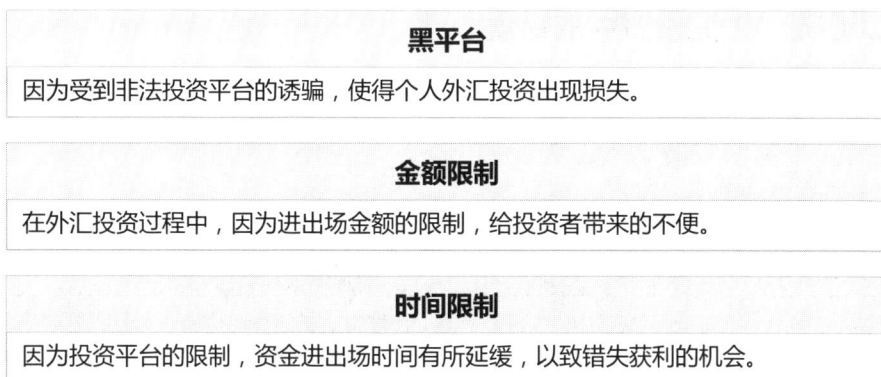

图 13-2 外汇投资风险

（3）技术风险

外汇的技术风险也是投资者要面临的，具体内容如图 13-3 所示。

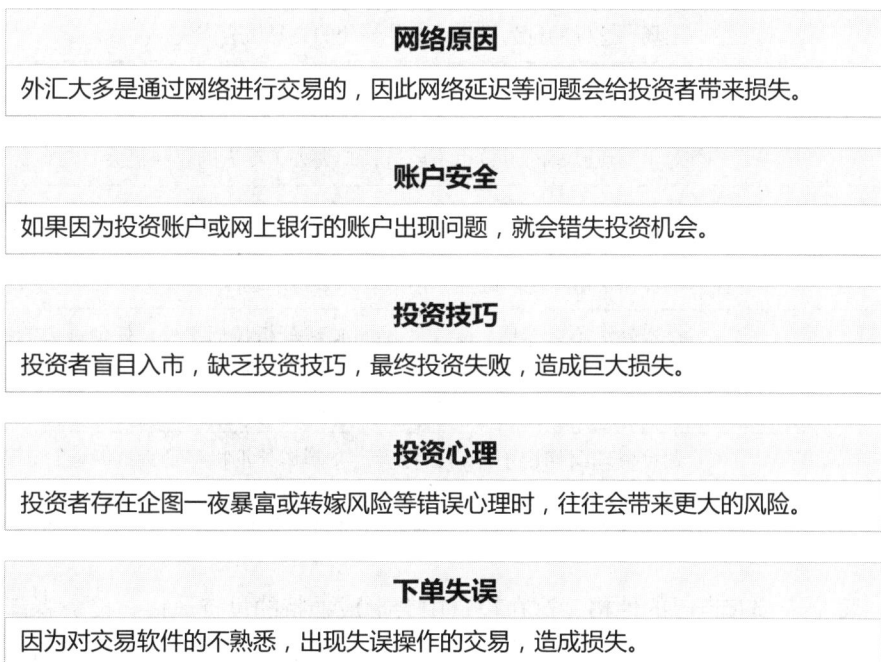

网络原因

外汇大多是通过网络进行交易的，因此网络延迟等问题会给投资者带来损失。

账户安全

如果因为投资账户或网上银行的账户出现问题，就会错失投资机会。

投资技巧

投资者盲目入市，缺乏投资技巧，最终投资失败，造成巨大损失。

投资心理

投资者存在企图一夜暴富或转嫁风险等错误心理时，往往会带来更大的风险。

下单失误

因为对交易软件的不熟悉，出现失误操作的交易，造成损失。

图 13-3 外汇技术风险

NO.002 外汇投资中的错误心理

前面说投资心理会给外汇投资带来影响，那么在外汇实战中，具体存在哪些错误的投资心理呢？具体如表 13-1 所示。

表 13-1

错误的投资心理	说明
企图一夜暴富	外汇交易中没有涨跌停板，在理论上虽然可以达到一本万利的效果，但在实际投资中是很难实现的。所以投资者如果抱着这样的想法去投资，企图通过外汇交易一夜暴富，最终只会得不偿失
赌博心态	投资不是赌博，炒外汇是一种博弈方式，虽然赌博有相似的地方，但两者有本质区别，抱有赌博的心态进入外汇市场，可能会因为运气而短暂获利，但最终的损失也是不可避免的
犹豫不决	一些投资者在制定投资计划的时候总是犹豫不决，不知道如何选择外汇，也容易受到他人的影响，在平仓的时候举棋不定，不能果断出场，这样的行为最终只会使最佳的交易机会流失
贪婪不止	贪婪是投资的大忌，外汇投资也不例外，一些投资者希望在已经获利的情况下获得更多的利润，但最终只会造成损失。而一些投资者对于一点微小的点数也不放过，却失去了更大的获利机会
不肯认输	外汇是一个 24 小时的市场，这就会给投资者带来一种严重的心理误区——不肯认输，当出现了失误或损失之后，不肯承认自己的错误，期盼留在市场继续翻盘，但最终只会越陷越深
迷信下单	投资外汇不可迷信，除了正确的 K 线分析技巧之外，任何过去的投资"规律"都只是巧合，如投资者认为和某种货币有关的汇率投资一定会出现盈利等，都属于迷信的交易
盲目自大	做投资理财切记不能盲目自大，在制作外汇投资计划的时候，不要错误估计了自己的风险承受能力，在风险来临的时候会没有足够的预留资金去应对。另外，在投资时忽视微小利润，也可能造成损失

每个人都有自己的性格，这在投资中会形成独特的投资风格。投资者都应该根据自己的性格和经验建立个人投资交易风格，如果交易风格与自己的性格相反，在交易过程中就容易出现交易与内心不符的情况，可能出现"情绪单"，并最终造成损失。

NO.003 外汇交易中必备的交易技巧

为了规避投资风险，一个出色投资者最好掌握如表 13-2 所示的交易技巧。

表 13-2

交易技巧	说明
制定投资计划书	制定投资计划书对成功投资起着至关重要的作用，投资者入市之前应严格根据自己的风险承受能力制定计划书
切勿满仓交易	任何时候都需保留一定的投资资金，这不仅是为了避免巨大损失，更是为了在后续研判中有加码的资本
总结交易时机	投资过程中积极关注和外汇有关的基本面情况，总结出最佳的交易时间，为最终的获利打下稳定的基础
账户管制	外汇投资，不仅要选择正确的交易平台，更要对自己的账户密码安全、资金流水等有明确的管理
检查网络	如果当前有持仓头寸，即使当前进行任何交易，也需要保证计算机安全及网络畅通，以保证交易的顺利完成
不断学习交易操作	外汇交易是一个全球性的市场，随时都在发生着变化，对于操作技巧也需要不断改变，投资者应不断学习

NO.004 外汇交易应掌握的正确心理

前面我们介绍了外汇投资中的错误心理，那么正确的投资心态是什么呢？具体如表 13-3 所示。

表 13-3

正确的投资心理	说明
总结经验	投资经验并非一朝一夕练成的，但它是成功投资的基础，需要投资者勤奋学习，不断总结，并且在实践操作中找到最适合自己的投资渠道与方式
投资自律	外汇价格瞬息万变，没有任何投资大师或技术手段可以完全预判未来的走势。投资者在外汇市场中，唯有顺势而为，不去触碰违规交易与交易红线，才能在市场中站稳脚步

续表

正确的投资心理	说明
冷静分析	外汇的价格波动往往比较频繁，只有戒急戒躁，冷静旁观，才能客观地看待市场，做到不激进、不退缩。另外，沉着冷静的心态可以帮助投资者在各种行情中都能够做出正确的决定
果断下单	外汇价格瞬息万变，稍不注意就会流失机会，当出现了交易机会的时候，要立刻做出相关操作，以免机会溜走。并且在这个过程中要严格根据自己的投资计划执行
坚持不懈	坚持不懈是投资理财中必备的一种心理战术。外汇可能很长一段时间内都不出现反转行情，只有坚持长期用正确的手段进行分析，才可能等到最佳的获利时机
自我反省	投资市场没有绝对的赢家，也没有绝对输家。当出现盈利的时候，不骄傲自满，积极寻找最佳平仓机会；当出现亏损时，及时出场、整理资金、总结经验，等待下次入场

下面我们通过一个简单的例子来看看保持正确心理对外汇投资的重要性。

实例分析

正确心态对外汇投资的重要性

某投资者在 2019 年 4 月进入外汇市场，通过观察后，他选择了美元兑换新元的直盘交易。4 月底，移动平均线的空头排列摆脱交错出现多头排列，因此该投资者选择建立多单入市。

和预期一样，后市果然出现了上涨，到了 5 月 29 日，价格以一根带长上影线的小阳线涨到了高点，虽然该投资者预判到此时可能会出现反转，但他依然期望汇率可能会再创新高，于是他选择了持仓观望。

可惜事与愿违，汇率 K 线连续出现阴线开始下跌，7 月 18 日出现了一根大阴线，该投资者认为汇率无法在反弹，于是选择了平仓。因为贪婪，使得该投资者错估了最佳的获利机会。

另外，美元兑换新元的汇率在 7 月 18 日之后继续上涨，该投资者又因为错误地估计了形式，失去了继续获利的机会，如图 13-4 所示。

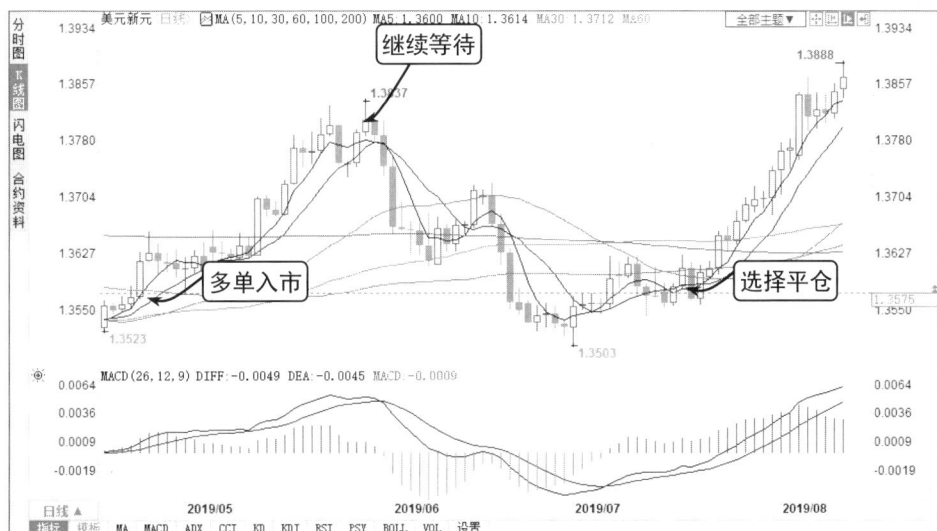

图 13-4 正确心态对外汇投资的重要性

13.2 外汇投资风险管控的四项原则

不管是做任何一项投资都会存在风险，积极有效地管理和控制风险是投资成功必备的环节。那么在外汇交易中怎样做才能够使自己面对风险，减少犯错呢？

NO.005 分散投资是第一原则

任何一项风险影响的范围都无法完全确定，可能是全球的，也可能是局域的，风险持续的时间也会长短不一。此外，同一项事件对某些品种是利空，对另一些品种却构成利好。所以投资者应选择不同品种构成组合来分散风险，做法有 4 种：①通过投资不同品种，如股票、债券、货币等以分散风险；②通过同时做多和做空同一品种；③通过投资不同市场分散风险；④通过时间和仓位差距分散风险。

总的来说分散投资包括四个方面：对象分散法、时机分散法、地域分散法和期限分散法，具体如图 13-5 所示。

对象分散

就是个人投资者在进行投资时，应将投资的资金广泛分布于各种不同种类的投资对象上。具体来说，在证券对象上，可用一部分资金购买外汇，一部分资金购买债券，再用一部分资金购买股票。

时机分散法

由于资本市场瞬息万变，人们很难准确把握行情的变化，有时甚至会出现失误，为此在投资时机上可分散进行。即投资者在进行投资时可慢慢投入，用几个月或更长时间完成投资。这样可避免由于投资时机过于集中或把握不准时机而带来的风险。

地域分散法

是指投资者不仅仅持有某一地区的品种，而应购买国内各个地区乃至于国际金融市场上发行的各国品种。这样做的好处是可以避免由于某一地区政治、经济的动荡而可能出现的投资损失。

期限分散法

由于不同时期市场利率的变化方向和变动幅度不同，从而导致不同期限的品种市场的变动方向和变动幅度也大不一样。实行期限分散化，投资不同期限的外汇品种，可以减少利率变动对投资者所持有外汇的影响，降低风险。

图 13-5 分散投资的四个方面

NO.006 只做确认的投资

投资者在进行外汇交易过程中，必须严格要求自己，只有出现能确认的市场趋势和环境时才进行投资。从市场的经验来看，当市场沿着某一趋势长期运行时，即便有某种突发性因素出现，往往也只能对运行趋势形成短暂影响，中长期仍将延续趋势。

当然，在外汇市场甚至所有投资市场中，都没有办法确认市场趋势，这里的确认并非百分之百的，而是在强调一个概率问题，投资就是选择大概率事件。

投资是我们生活的一部分，生活中也充满了概率问题，很多事件要么Yes，要么No，对应的概率是100%和0%。但是在外汇市场中，概率永远处于0% ~ 100%。

我们知道，投资本质上就是长期的概率问题。投资是分析选择高概率发生的、相对准确的、能够实现预期的确定性。在大概率事件上，只要方向准确，其潜在的空间就足够大。

所以我们在外汇投资中需要做的就是分清每一类品种它们运行某一种趋势的概率，选择大概率的外汇品种进行投资，远离小概率品种，盈利将水到渠成。

NO.007　分批买入永远不会错

在外汇交易的过程中既充满诱惑又随时会遭遇危机。影响市场趋势的事件总会在下一秒被曝出，同时市场中充斥着各种消息，这些消息对汇率产生何种程度的影响更是让投资者难以琢磨，多数时候，投资者的理解完全与汇率的走势相反。所以永远不要一次性满仓进行投资，应遵循分批进场买入的原则，永不满仓。

在遵循分批买入的原则时，通常会遇到两类情况，一是顺势买入，二是逆势买入，具体情况如下。

（1）顺势加仓

这种方式在实际操作过程中使用频率很高，也是比较成熟的方法。

通常赚钱后再加仓，属于顺势而为，如同顺水推舟，又省力效果又好。买入之后涨势凌厉再买或卖出之后跌风未止再卖，这样可使战果扩张，造成大胜。

需要注意的是，加仓的价位要与初次建仓的价位存在一定的距离。假设是在 3400 时开仓多单，要等价格向上突破 3430 或者突破一个压力位的时候再进行加仓。

此外，当投资者准备顺势加仓的时候，资金分配很重要，切忌不可倒金字塔式加仓，第二次加仓的仓位应要比第一次建仓的仓位少或者相同，第三次加仓仓位又应比第二次加仓仓位少。相反，每次加仓都比原来的多，做多头平均价就会拉得越来越高；做空头平均价就会压得越来越低，行情稍微反复，就会把原先拥有的浮动利润吞没，随时由赚钱变为亏钱。这是极为不智的做法。

（2）逆势加仓

这种方式使用的频率不算很高，只有在趋势确认的时候才使用，一般都是认为短线有反向趋势，但力度比较弱，担心错过行情，在相对低点就顺着大趋势建仓，如果确实沿着小周期反向趋势运行，在上方压力位再考虑加仓。

需要说明的是，逆势加仓，加仓的时候是亏钱的，所以第一次建仓时仓位一定要足够低，给后来的加仓留出足够的空间。可在第一次建仓时只开一层仓，到上方压力位再加二层仓位。

加仓价位要拉升一定距离。假设是在 3400 开仓多单，要等价格跌至 3350 附近或者调整到一个支撑位的时候再进行加码。

另外，逆势加仓应该重视止损的问题。由于是亏损加仓，所以止损位距离加仓点位不要超过 20 个点，这样才能控制风险。

NO.008 正视错误才能进步

如果投资者的操作导致了账户的亏损，就说明过去的投资行为是错误的，很多投资者只会一味懊恼。殊不知选错品种、看错趋势都不可怕，真正可怕的是，账户的亏损就在眼前，投资者却消极回避，甚至继续错误操作，最终导致亏损越来越大。

在投资的世界里，一条路走到黑的办法是行不通的，如果不能正视自己的错误，学不会自我反省，就不会有进步，就无法在这个市场中长久的生存下去，更不用说盈利了。

在进行外汇交易之前，投资者就已经在心里盘算着赚了 1 万要怎么花，万一赚了 5 万又该怎么花的问题。这种行为叫盲目乐观，投资者总会认为自己是市场中最聪明的那个人，是市场中能够赚钱的那 10% 的人。

这种交易之前就盲目乐观的行为，在投资市场中无异于慢性自杀。乐观的心态要有，但绝不是在投资开始之前。投资之前，应该要做好如果交易行为出错后的防备措施，是严格止损，还是等待加仓机会。

外汇交易的操作频率偏高，激进的投资者在一天内可能会做出几十笔交易，因此，犯错的频率也会增加许多倍，如果在犯错后继续坚持，那么可能会被市场狠狠教训一顿，导致一直错下去。

所以对于外汇投资者而言，犯错→认错→反省→改进→进步，这才是最正确的道路。

一个成功的投资者总会回头看看自己走过的路，总是希望能从自己身上总结出一些经验，正视那些在投资历程中犯过的错，从而减少在未来的投资中再次出同样错误的概率。

13.3 规避外汇风险的四种方法

外汇交易过程中充斥着风险，那么是否这些风险都是每个投资者必须面对的呢？答案是否定的，通过一些有效的方式，可以帮助外汇投资者在投资之前以及投资过程中一定程度的规避这些风险，下面一起来看规避外汇风险的四种方法。

NO.009　市场保值

远期市场保值是指如果预期汇率将发生变动，根据外币应收账款或应付账款的货币种类、数额和日期，通过远期合同买卖或进行借贷款活动，用同等金额的同一货币实现在同一时间点上的反向流动操作，以达到消除风险的目的。

远期市场保值在一定程度上可以完全地抵消交易风险，因为只要用反向的操作就可抵消未来的应收或应付款项。但是用远期市场保值来覆盖换算风险，则不能达到完全抵消的效果。因为履行远期合同所需的资金不是预期的应收应付款项，只能用来在未来的即期市场上买卖。

远期市场保值的实施仍要通盘考虑预期的成本。例如，当地货币的远期贴水是 4%，如果当地货币贬值的可能性为 30%；贬值 5% 的可能性为 40%；贬值 6% 的可能性为 30%。那么，预期汇率的下跌幅度就为 5%（4%×30% ＋ 5%×40% ＋ 6%×30%），由于预期的汇率下跌大于远期贴水，所以卖出当地货币远期是值得的。

实例分析
人民币贬值趋势下如何保值

曾经，人民币汇率在 2017 年前后出现过很严重的下跌，人民币对美元汇率跌幅一天都能超过 3%，从多个角度分析得出结论，对人民币汇率普遍看跌，那么在人民币贬值的那种趋势下，作为普通投资者应该如何保值呢？

对于短期内需要使用外汇的投资者，比如去国外留学或出境旅游，可以选择到香港开立银行账户，把所需要的美金外汇存到香港账户上。

目前很多有外汇使用需求的投资者，会直接在国内银行进行兑换，在国内购买美金进行取用不是特别的方便，这种情况下留在银行账户上的美金就是一堆数字，在国内使用还要转换成人民币，这样一来又会损失一笔汇率差。

而香港银行的账户则不同，一户拥有多种功能，可以做储蓄、信用卡、外汇买卖、黄金买卖、基金购买、保险缴费投保和股票交易，使用起来会非常方便。

投资者在国外需要消费的时候,直接刷香港银行卡就可以了,节省很多费用还避免了汇率差。

还有不少投资者比较担心自己的资产会因为人民币贬值而缩水,同时还希望自己的资产能够拥有稳定的中长期回报。可以建议考虑在港购买香港的海外定投101基金。

101是100%基金+额外1%的保险成分,俗称101。这个产品收益率还是挺不错的,一般定投3年,8年左右能回本,并且香港基金是用美元或港币结算的,可以用作外汇储备。

NO.010 调整资产负债

如果投资者通过分析与预测,认为某一国货币将贬值,则可尽量减少这种货币的资产,同时扩大这种货币的负债,这是由于币值下降有利于净借方而不利于净贷方;反之,如果认为某一国货币将升值,则可尽量扩大这种货币资产,同时减少这种货币的负债,因为币值提高有利于净贷方而不利于净借方。

比如在认为美国经济将走向复苏,美元将表现强势的情况下,除了做多与美元相应的外汇品种之外,还可以分散买入美国的股票资产或基金。如果认为日本的经济将走向衰败,则要远离日本的股票和相关资产。

实例分析

人民币贬值趋势下通过调整资产负债进行保值

作为一个资深的外汇投资者,张先生在2017年初经过收集国内外资料,总结出以下3点原因,以此判断未来人民币将有强烈的贬值预期。

第一,美国经济基本的超预期好转,以及2017年12月加息的高概率。当前美国经济情况明显好于预期,美国第三季度实际GDP年化季率初值为2.9%,大幅好于前值1.4%和预期2.5%,刷新2014年第三季度来最高。

第二,英国脱欧影响持续发酵,未来欧元区政治风险提升,极大地打击了英镑和欧元。后续影响不仅是英镑的大跌，对欧洲政治经济格局以及欧元都影响深远。

第三，中国房地产价格泡沫的膨胀，增加人民币贬值压力。从国际比较来看，当前一线城市北京、上海、深圳市中心房价已经接近或高于伦敦、纽约，新加坡和东京等国际金融中心；二线城市中，南京、厦门、苏州，房价也已经大大超过了收入可负担的基本面。出于对资产多元化配置的角度，越来越多高净值家庭有在全球配置资产的需要，而国内房地产泡沫的出现，增加了持有海外资产的需求，对未来人民币流出造成压力。

因此，人民币对美元贬值，不仅存在美联储加息的因素，更与美国政治不确定、欧洲货币大幅贬值以及中国国内房地产价格一路高涨风险加大、国内家庭寻求多元化资产配置等新变化有关。

张先生在 2017 年初做出人民币将持续贬值的判断后，汇率是如何走的呢？如图 13-6 所示。

图 13-6　离岸人民币走势

从离岸人民币的走势来看，在 2017 年 1 月至 5 月这段时间内，人民币离岸价格从 6.7 最多上涨至 6.93 附近，意味着人民币的确在不断贬值。

那么张先生在做出人民币将贬值的判断后是怎么做的呢？除了在外汇市场

上买入做多美元之外，还在国内加大了人民币资产的负债，例如使用信用卡。

因此，在人民币这次的贬值过程中，张先生不仅没有资产缩水，反而因为做多美元赚到了不少。

NO.011 提前或延迟收付法

普通投资者在进行外汇投资的过程中，产生的债权债务会直接暴露在汇率变动风险下，实施提前或延迟收付法可直接改变投资者的风险程度。提前收回或延迟付出贬值货币账款，延迟收回或提前付出升值货币账款。对于提前收回的贬值货币，应迅速兑换为升值货币。

个人投资者能够使用到的场景较少，但是针对有国际业务的企业而言，却是非常实用的一招。

实例分析

提前收付规避外汇风险

某年6月1日，英国出口商向美国进口商出口了一批价值100万美元的货物，合同约定3个月后收款。英国出口商可以提前借入3个月到期的100万美元（可以视作提前收到货款），9月1日到期后用收到的货款偿还银行借款。如果该批货物采取英镑计价，英国出口商不再担心汇率的波动，美国进口商倒是要考虑避险的问题了。

为此，进口商可以在6月1日借钱或者用自有资金兑换成合同约定数额的英镑（可以视作提前完成付款）投放在货币市场，9月1日到期时用投资所得外汇（包括利息）进行支付。

NO.012 分散风险法

最常见的是"一篮子"货币保值法。具体做法是资金量较大的投资者，把资金平均分配到几种重要的货币中，如果部分货币升值，部分货币贬值，则升值货币所带来的收益可以抵消贬值货币所带来的损失，从而在一定程度上达到了消除外汇风险的目的。

13.4 九大外汇交易正规平台

炒外汇在选择交易平台的时候非常重要，外汇交易平台太多，普通投资者往往不知如何选择正规的交易平台，一旦选择了不正规的外汇交易平台，将给投资者带来极大的投资风险。下面给大家介绍 9 个正规的外汇交易平台，供投资者参考使用。

NO.013   FXCM

FXCM（福汇）是全球客户量最多的外汇交易平台，是外汇行业领航者，监管机构为 FSA，已经是上市公司，FXCM 在 FSA 的注册号为：217689。

FXCM 主要有如表 13-4 所示的 5 点优势。

表 13-4

优势	说明
交易量巨大	每月通过福汇交易平台进行的外汇交易平均总额超越 2500 亿美元，如此庞大的交易量让营运达到规模经济，增加了在银行间市场交易的优势，更得以和世界上最大的 14 家银行建立了良好的信贷关系，因此而获得高达 8 亿美元的信用额。无论交易额多少，在任何市场情况下，FXCM 都可以为客户提供最方便、最快捷、最流动的网上外汇交易服务
超凡的交易	福汇集团的全天候报价，即时反映市场的任何变动，确保客户在市场消息发布时拥有公平交易的机会
财务稳健性	FXCM 集团在全世界已服务过 174000 个零售账户，并在多个国际金融中心设有地区办事处。在任何市场波动、经济调整或变化万千的商业环境下随时为客户服务

续表

优势	说明
规模的重要性	FXCM 是零售外汇市场的比较大的交易商之一，作为提倡外汇交易规管及加强对投资人保障的领导者，FXCM 分别在美国、中国香港、英国、澳洲和杜拜，巴黎都已注册成为受监管的外汇交易商，因此是最安全的交易伙伴
及时的客户支援	FXCM 集团雇用了超过 650 名受薪员工，其中包括专责外汇的专家，他们对外汇图表、技术分析和基本分析都拥有高水准的专业知识。会协助和带领客户从五花八门的外汇图表及成千上万的网上外汇资源中，挑选最适合客户的工具和资源

理财贴士 *FSA 监管说明*

如果是 FSA 监管允许的外汇平台，在 FXCM 平台和 FSA 监管查询都可以查询到，监管上会显示这句话 "Notices: Able to hold and control client money"（允许持有和控制客户资金），FXCM 平台和 FSA 监管查询都可以查询到这句话英文，没有这句话的都不是正规 FSA 监管平台。

NO.014 美国嘉盛

FOREX 嘉盛集团是一家纽交所上市公司，该集团及其成员企业在全球范围内受下列机构监管。

- ◆ 美国商品期货交易委员会（CFTC）。
- ◆ 美国国家期货委员会（NFA）。
- ◆ 证券交易委员会（SEC）。
- ◆ 英国金融服务监管局（FSA）。
- ◆ 日本金融服务管理局（FSA）。
- ◆ 澳大利亚证券投资委员会（ASIC）。
- ◆ 香港证券及期货事务监察委员会（SFC）。

美国嘉盛集团是卓越的独立外汇交易服务提供商，服务范围包括直接入市交易和资产管理。嘉盛集团于 1999 年由一批华尔街的资深专业人士创建，现已成为行业内最大及最受推崇的公司之一，服务于全球超过 140 个国家的包括基金经理、商品交易咨询师（CATs）和个人交易者在内的各类客户。

嘉盛集团自己研发的嘉盛操盘手平台（FOREXTrader），拥有下载版、网络版、Android 版及 iPhone 版。平台安全稳定，功能强大，适合追求卓越体验的个人投资者。

另外，嘉盛集团也提供 MT4 平台（MetaTrader 4），方便习惯 MT4 平台的用户使用。除了常规 MT4 平台功能以外，用户还能在嘉盛 MT4 平台上享受嘉盛独有的执行稳定及丰富的交易品种等优势。

NO.015 MTrading

MTrading（纵海金融）是全球最大的外汇交易商成员之一，受澳大利亚证券和投资委员会 ASIC 监管，ASIC 完善的金融监管体系和严格的执行力度，受到了各国投资者和监管同行的一致认可，一直以来都被公认为是世界上最严格、最健全、最能保护投资者权益的金融监管体系之一。

纵海金融成立至今已在 45 个国家拥有办事处，目前有活跃客户 20000 多人，每月交易总量达到 590 亿美元。

纵海金融主要有以下 4 点优势。

◆ 取得全球数间大型银行的报价进行交易，是真正的无交易员平台，客户可以采用由全球数间最大银行提供的报价进行交易。这些银行通过竞价提供低至 1 点的买卖点差。无交易员平台让客户取得多间大型银行的报价之余，更集合了纵海金融交易平台快捷方便的优点，让外汇交易更加畅通无阻。

◆ 随心所欲交易，不受限制，即使有令市场大幅波动的新闻或经济数据公布，客户都可如常进行交易。此外，客户的建仓平仓时间等均不受限制。

◆ 提供全日 24 小时的客户支援服务，即使用户选用无交易员平台，也可以在任何市场开放时间通过电话下单。

◆ 纵海金融中国区提供包括入金赠金、交易保险、好友送好礼、生日礼金等丰富多彩的返利活动。

NO.016　IBFX

IBFX 也称"银特贝克"，成立于 2001 年，总部位于美国犹他州盐湖城，是一家在线外汇交易服务提供商，提供个体经纪人、基金经理、机构客户专有技术以及用于在线交易即期外汇的工具。

IBFX 服务有超过 150 个国家和地区的客户，每天交易量高达 18 亿美元，由美国商品期货交易委员会（CFTC）管理，同时也是美国国家期货协会（NFA）成员。通过开拓性的努力，IBFX 创造了一个独特的外汇交易环境。它提供的服务如下所示。

◆ 一套免费的复杂的图表系统。

◆ 免费的实时新闻。

◆ 免费的电话、网上和电子邮件支持，甚至包括那些模拟账户的客户。

◆ 广泛的教育资源，不收取任何附加费用。

NO.017　FXDD

FXDD 于 1973 年在瑞士股票交易市场挂牌上市，并于 1999 年在德国法兰克福股票交易市场交易，拥有 16 家分公司遍布全球。

公司经营的产品众多，包括债券、股票、固定利息产品、外汇、期指、期权、期货及众多的金融衍生产品，同时还交易如金属、能源等期货产品。

FXDD 的注册地在美国，其母公司 Tradition（North America）在 CFTC 拥

有 NFA 注册，注册号码：0271750，其所有业务都在 CFTC 监管之下。FXDD 作为传统集团，零售外汇是一个独立部门，FXDD 直接联系 FXSOL 环球金汇公司执行其母公司传统集团最严格的行业标准，其监管机构是英国 FSA。

NO.018 其他正规平台

除了上文提到的规模较大的 5 家平台以外，另外还有几家规模相对较小，但同样受到严格监管且正规的外汇交易平台，投资者可以根据喜好进行选择，具体信息如表 13-5 所示。

表 13-5

平台	介 绍
ODL	英国知名证券公司之一，也是伦敦证券交易所（LSE）、欧洲证券交易所（EURONEXT）以及伦敦国际期货与期权交易所（LIFFE）成员之一。ODL Securities 是正规持牌外汇交易商，受英国金融管理局 FSA 监管。其在 FSA 的注册号为：171487
GKFX	捷凯金融集团是一家年轻的，具有活力和有远见的公司。于 2008 年广邀具有丰富金融市场经验的人士加入，并于 2009 年正式于英国伦敦成立，受英国金融管理局 FSA 监管。在专业的管理团队中的领导层具有超过 20 年的金融市场经验并对行业发展具有独到的战略眼光。GKFX 捷凯金融集团正在努力向成为全球最大的金融衍生交易商迈进坚实的步伐。作为国际化的金融公司，GKFX 金融集团在业内具有独特的地位。凭借着多方面的经验，成为高科技的金融交易服务提供者
HY	兴业投资（英国）有限公司（Hyinvestment）是兴业金融集团旗下公司，总部设在英国伦敦，在全球有 55 个办事处，目前分别受到英国金融监管局、香港证券及期货事务监察委员会和迪拜金融服务局的监管，是隶属于香港恒兴业集团有限公司（Henyep Group）的主要全资子公司。恒兴业集团有限公司是香港历史最悠久的金融服务公司之一，业务范围包括金融服务、资产投资、股票、房地产、慈善活动、教育等
Easy-Forex	易信创新性的交易平台是首家允许客户将外汇作为消费产品交易的网络外汇交易平台。它也是唯一一个允许用户进行即时交易的平台。与其他网络交易平台不同的是，Easy-Forex 无须下载专有软件，无须填写冗长的表格，持有国际信用卡的用户无须在银行开户或预先存款。Easy-Forex 的技术不仅突破了管理上的障碍，也允许用户能以最少资金进行投资。并且，Easy-Forex 的全方位外汇工具能让进出口商和其他外汇投资者轻松实现资金的套利保值

第 **14** 章

外汇投资技巧和策略

　　如果想要进一步成为投资高手，还需要掌握许多投资技巧。同样，作为普通投资者的我们，也会在日出投资活动中会遇到许多骗局，要学会去识别和回避，掌握正确的投资策略，才能保证投资顺利。

14.1 外汇投资快速获利技巧

除了价格分析与风险规避外，在外汇投资中还有一些非常实用且操作简单的获利技巧，可以帮助我们更好地游走在外汇市场。

NO.001　不同人群适合的外汇投资

前面我们介绍了很多外汇投资产品及其衍生品，这些产品各有投资特色，也有不同的风险，那么不同的人群应该如何选择这些产品呢？具体如图 14-1 所示。

初级收入人群

对于刚参加工作的年轻人，收入不高，如果要投资外汇，比较适合投资账户外汇，这类较为简单且风险较低的外汇产品。

有稳定收入人群

当有了稳定的收入后，可以选择货币期货、低杠杆外汇保证金等产品，在投资平台做外汇实盘交易也是不错的选择。

高资产净值人群

所谓高资产净值的投资者，就是指可投资资金较多的人。这类投资者可以选择杠杆较大的外汇保证金，并可以实现外汇套利与套期保值。

持有外币者

如果是持有一定外币的投资者，可直接参与国外投资。如果想要将外币兑换成本币，则需要通过分析价格找到最佳的兑换时间。

图 14-1　不同的人群适合的外汇投资

NO.002　巧用建仓、平仓技巧

好的建仓是成功的一半，在外汇建仓过程中，可以采用图 14-2 所示的建仓方法。

金字塔式	将投资资金分为数额不等的几份，然后从小到大进行建仓。例如，先投入 1/2 的资金，根据后市的情况，选择继续投入剩余资金的 1/2，即总投资资金的 1/4，或选择将其平仓。
成本平均	所谓成本平均建仓法是指投资者从入市开始，在每个月的固定时间以固定的资金对某一种外汇产品进行投资。这类似于银行存款中的零存整取。
定额定点	定额定点建仓法是指当价格到达一定的点位时进行建仓，并且在不同的点位需要设置不同的建仓金额。使用这种建仓方法，一定要控制好仓位，最好设置高点金额、中部金额与低点金额。

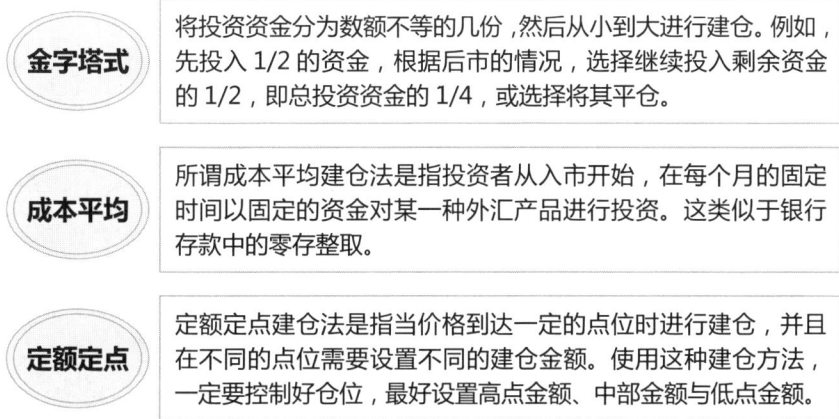

图 14-2 不同的建仓方法

建仓并持仓之后，如果想要进行获利就需要平仓，一般平仓有如下的技巧。

◆ **高抛平仓**：所谓高抛平仓，就是指提前设置止盈点，当价格达到了事先设置好的点位时，无论后市如何变化，都立刻进行平仓。运用这种平仓方式需要对基本面有详细的分析，再事先设置好适合自己的点位。

◆ **次顶平仓**：次顶平仓法是指投资者长期持有头寸之后，需等到价格显示第二次有见顶迹象时再进行平仓。用这种方法需要投资者对双重顶、头肩顶等反转形态能熟练应用。

NO.003 组合投资

组合投资是任何一项投资理财中都非常受用的获利技巧。在外汇投资中，应用组合投资有如下方法。

（1）资金组合

所谓资金组合，就是指将全部的外汇投资资金分为多份，投资到一种产品中，每份资金的数量和入市时间可以不同。

如某投资者现在用 10 万元参与账户外汇投资，他将资金分为了 5 万元、3 万元和 2 万元，并分别投入到了同一种账户外汇产品中，这样当后市出现不同的波动或是自己需要使用资金时，可以做到在不影响正常生活的同时又有最大的收益。

（2）产品组合

所谓产品组合，是在资金组合的基础上衍生出来的投资组合，首先将投资资金分为相同金额的几份，然后投资到不同的产品中，具体如图 14-3 所示。

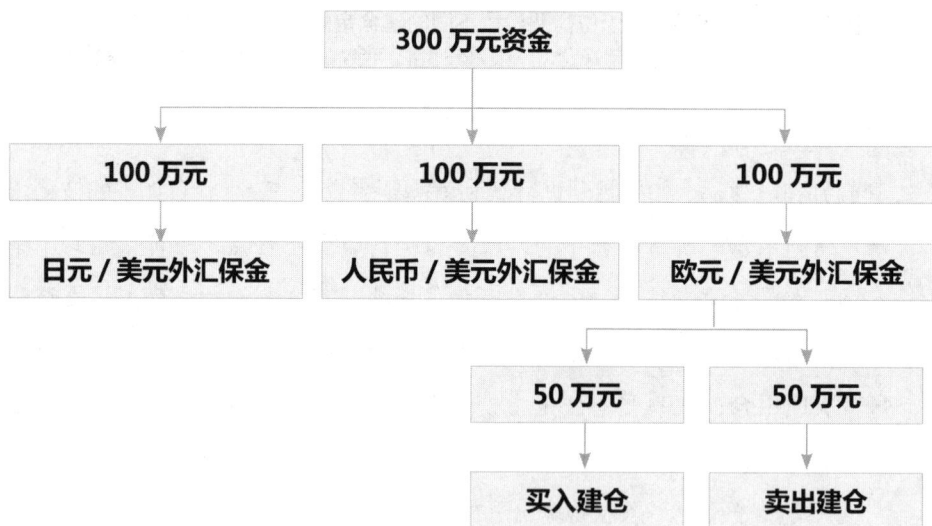

```
                    ┌─────────────────┐
                    │   300 万元资金   │
                    └────────┬────────┘
        ┌────────────────────┼────────────────────┐
   ┌─────────┐          ┌─────────┐          ┌─────────┐
   │ 100 万元 │          │ 100 万元 │          │ 100 万元 │
   └────┬────┘          └────┬────┘          └────┬────┘
┌──────────────┐   ┌──────────────────┐   ┌──────────────────┐
│ 日元/美元外汇保金 │   │ 人民币/美元外汇保金 │   │ 欧元/美元外汇保金 │
└──────────────┘   └──────────────────┘   └────────┬─────────┘
                                        ┌───────────┴───────────┐
                                   ┌─────────┐            ┌─────────┐
                                   │ 50 万元 │            │ 50 万元 │
                                   └────┬────┘            └────┬────┘
                                   ┌─────────┐            ┌─────────┐
                                   │ 买入建仓 │            │ 卖出建仓 │
                                   └─────────┘            └─────────┘
```

图 14-3 产品组合投资

14.2 外汇投资常见骗局

在外汇投资的过程中，许多普通投资者都会遇到这样或那样的骗局，本节主要列举当前市面上常见的几种骗局，希望读者能够引以为戒。

NO.004 外汇专家

在外汇市场中，存在着很多所谓的"外汇专家"，这些专家大都是没有多少实战经验的，但是通过各种手段（比如吹嘘自己过往的成绩）将自己包装成比机构操盘手还要厉害的人士，打着"授人以渔之心免费指导投资者进行外汇交易"的幌子行骗。

曾经某外汇专家到处宣传吹嘘：某银行曾给出 20 万美元／月的薪水邀请他去做首席外汇分析师，他本人却不屑于这样低的薪水。但是这位专家却在博客上宣传提供外汇交易策略，不赚钱全额退款，并免费讲课，指导外汇投资，每个月仅需人民币 2000 元。

有很多投资者就相信了这样的骗局，许多人在付过钱后便经常不见"专家"的人影，偶尔"专家"会给投资者发一些不知从哪里弄来的汇评，煞有介事地让投资者按照他的汇评操作。当投资者亏钱后要求外汇专家退款时，这些"专家"会明确地告诉投资者钱是不会退的，再付 2 个月学费专家可以继续讲课，投资者可以继续领略"专家"更高深的外汇投资理念。

以上的两种情况都是普遍存在的，希望投资者在日常的投资交易活动中，特别是在查看网上的资料时一定要注意分辨，时刻谨记"外汇交易中没有神"，一切保证赚钱的行为都是不合常理，甚至是违法的。

NO.005 黑平台

林子大了，什么鸟都有。在外汇市场中，也存在一些不法商人，他们通过在国外注册公司，然后经过包装后就可以快速成为一个外汇交易商。由于这类外汇交易商没有正规的监管资质，所以他们的交易平台许多都存在盗版，通常称为黑平台。这类平台一般都是对赌模式，即交易商将客户的单子放在自己的交易盘子中，你盈他亏，或你亏他盈。对赌也是一种常见的操作策略，但是这些不法交易商的对赌模式往往是通过后台操作对客户的交易单子做滑点等黑幕手段，让客户亏损，从而自己获利。如果客户盈利太多导致交易商自己无法支付客户，出现严重亏损时，他们就可能做出类似跑路等这类极端的做法，致使客户的盈利"打水漂"。

目前，市面上的黑平台有很多，投资者如何来甄别这些黑平台呢？可以从如下几个方面来入手。

◆ 查监管资质

查监管资质是一种比较有效的甄别黑平台的方式。目前市场比较认可的监管机构包括有英国 FCA、美国 NFA、澳大利亚 ASIC、瑞士 FINMA 等，如果平台是这些监管机构下的交易商，一般都是比较正规的。在这些平台中也存在对赌模式。但这些平台的资金背景一般都比较雄厚，因此相对不会出现跑路现象。

◆ 查成立年份

查平台的成立年份也是一种比较快捷的甄别是否为黑平台的方式，一般成立时间越久的平台，安全性越高。

◆ 查公司背景

查公司背景主要是查看平台的股东背景，以此来确保该平台的资金是否充足，是否有能力抵抗对赌风险。如果平台的股东是上市公司或者银行，这类公司一般都比较安全。

NO.006　代客操盘

外汇投资者在 QQ 群上经常遇到所谓的专业外汇交易员，他们四处发布一些夸大的广告语，如"外汇每周获利翻番，十万变亿万，神话成现实"等。很多投资者尤其是新手投资者都禁不住美妙的诱惑，最终在这些"专业的"外汇交易员的指导下爆仓，之后便被踢出 QQ 群。因此，投资者在面对夸张的宣传语时，要保持冷静。

除去夸大的广告语之外，为了使效果更逼真，这些外汇交易员还会提供交割单截图，从而当让投资者更加信以为真。当投资者被骗子盈利截图的数字诱惑之后，这些外汇交易员声称为了方便做单，随时登录账户查看账户的浮动盈亏情况，此时就会询问投资者的交易账户和密码了。

通常骗子获取到投资者的交易账户和密码后，刚开始会以非常小的手数做单，等投资者过一段时间完全放松警惕之后，他们会以大手笔大仓位做单，频繁操作，导致账户出现大部分亏损。

在这里要提醒投资者的是，虽然我们交给交易员的是交易账户，不是资金账户，他们不能直接把资金转移出来，但是对方所谓的代客操盘只不过是使用交易账号进行频繁的交易，而频繁的交易会产生巨额的手续费，当然这些骗子也会对投资者说交易没有手续费，他们只收盈利分成。而事实上，无论在哪个交易商或者哪个交易平台上操作，只要发生交易，都会产生手续费，最后的结果是，投资者的资金大部分都付了手续费。

投资是一项非常个人的活动，假借他人之手，不仅存在极大的风险，也很难长久，投资之路，要靠自己的修行，自己有真本事才最踏实，最长久。

实例分析

代客操盘骗局在身边

香港恒丰环球集团是一家打着被摩根士丹利收购的旗号、从事黄金外汇代理操盘保本业务的平台，2016年4月7日，在投资者QQ群中宣称因一次黄金重仓交易市场异常波动，导致所有账户爆仓变为负值，虽然该集团信誓旦旦称会赔偿本金，却突然在4月8日连夜宣告破产并将所有投资者踢出群组，人间蒸发。至此投资者才意识到，这并非一次简单的投资失败，可能是一场长达1年、精心策划的骗局。

爆仓当天，香港恒丰环球集团在投资者QQ群发布的公告显示，此次受损账户多达2万个，按每个账户至少5000美元的投资门槛，总金额高达1亿美元（约合6.5亿元人民币），虽然目前账户数量的真实性无从考证，但仅从记者取得联系的几十位投资者来看，人均投资额已超过 20 万元人民币。

据某受害投资者王先生介绍，他是 2015 年 4 月经人介绍得知有一个香港公司在做黄金外汇保本理财投资，并被拉入了"恒丰环球精准分析策略"QQ 群。入群后，每天就有集团"首席分析师"进行"喊单"，如"做空欧美，目前 1.0570 左右，止损 1.0577，止盈 1.0530"等，其他投资者据此进行实盘跟单。

"首席分析师"在群里不断强调："只要严格按照群指令设置止损止盈，并严格执行每个指令，保证每周利润不会低于 5%，月利润稳定在 20% ～ 30%。"

按照群里指示操作几日后，王先生发现"首席分析师"十分专业，对于市场判断颇为准确，而且整体投资风格较为谨慎，禁止投资者擅自"加仓重仓"，这一点令王先生更加放心。

高大上的集团背景、专业的操作团队，让王先生逐渐放下戒心，他用自己原有的外汇交易账户与香港恒丰环球集团签署了代理操盘保本合同，初始投入约 20 万元人民币。

合同规定，王先生的账户交易将由恒丰集团全权代理，盈利双方 6：4 分成；王先生可以每天登录账户 1 次，在空仓状态时观看；可接受的最大风险为本金的 20%，亏损达到 20% 时，王先生有权要求该集团停止操盘并赔偿本金损失。

自合同签署直至 2015 年 7 月期间，在香港恒丰环球集团的代理操盘下，王先生连续获得盈利，最高时每月收益高达 90%，于是他介绍两位朋友加入。

但 2015 年 8 月 1 日至 10 日，香港恒丰环球集团的代理操盘出现连续亏损并达到了 20% 的亏损上限。

以王先生为代表的众多投资者原本以为香港恒丰环球集团仅仅是因为操盘失败无力偿还而跑路，但随着调查的深入，一场处心积虑、专业的金融诈骗终于浮出水面。

香港恒丰环球集团原名"华讯通信科技有限公司"，2012 年于香港成立，2015 年 3 月 12 日，更名为"香港恒丰环球集团"。事实上，所谓的香港恒丰环球集团只是通过中介公司注册的空壳公司，该集团官网上介绍其位于香港中环的环球总部以及北京中关村的客服中心，经证实均为虚假地址，客服接线人员均外包给了中介公司。

更令投资者大为吃惊的是，他们从香港恒丰环球集团提供的SWIS平台官网上下载的、被国际市场广泛使用的MetaTrader4（MT4）交易软件为盗版，有投资者发现MT4软件在安装时为联网安装，并且连接到河北某市的一个IP地址，安装后运行该交易软件，发现其连接香港Simcentric网络公司服务器，而非交易中心服务器，这意味着投资者每日看到的行情与交易并未与真正的市场连接。

其实投资者的钱根本没有拿去做投资，只是放在这家公司手上原封不动，他们每天虚构数据，假装有盈有亏，月底从投资者的本金当中拿出一部分当作盈利来分成，最后一次爆仓可能是公司为了卷款跑路编造的理由。

NO.007　模拟账户

前面我们了解到，很多操盘手在QQ群中为了证实自己的实力，都会发布一些看起来盈利颇丰的交割单，其实这些交割单也是可以作假的。即骗子通常是开两个模拟账户做对冲，截取其中盈利的账户的交割单画面。

此外，模拟交易和真实交易也是完全不同的两码事，在模拟账户环境下取得的成功并不等于在实际交易中就能操作好，获得收益。如果投资者有真实交易的经验，就会知道交易最大的挑战并非来自价格波动或如何识别好的机会，而是如何处理因资金投入而产生的情绪反应。以下就是一些模拟账户无法给投资者带来的体验。

- ◆　等待数天以捕捉符合原则的交易机会。
- ◆　进入交易后的不确定和心理压力。
- ◆　让你在亏损中继续逗留，或者太早退出盈利交易的情绪。
- ◆　过早入场，因为想要盈利更多。
- ◆　不想亏损，害怕错过好的交易机会。

◆ 在该出场时不想退出，贪婪使你不想错过更多盈利。

很多交易者可能告诉你，要认真对待模拟交易，就好像你投入了资金一样。但这是不可能的。你永远无法骗自己，你知道这仅仅是模拟交易而已。作为初入汇市的投资者而言，接触模拟交易仅仅是为了熟悉软件的操作。

那么对于普通投资者而言，应该怎样从模拟交易过渡到真实交易呢？

（1）从小额投入开始

投资者很难做到在一开始不亏损。所以刚开始涉足实盘操作时，一定要小额操作，并且将亏损控制在能承受的范围。同时，投资者要确保自己损失的资金是值得的，即投资者知道是什么造成了此次亏损、以后该怎样避免这些亏损。没有学习到任何经验教训，那投资者永远都跳不出亏损圈。

（2）管理好自己的情绪

在连续亏损后，投资者很容易失去动力或者兴趣，并且变得越来越消极和困惑。为了避免这些不好的情绪影响自己的投资，投资者首先要了解自己交易的动力是什么，不要有不切实际的期待，也不要对自己太苛责，享受过程并从中吸取操作经验和总结教训才是最重要的。

（3）不要太注重资金亏损

既然刚涉足实盘操作都避免不了亏损。那么投资者的首要任务应该是积累经验、建立原则、形成自己的交易习惯、保持对交易的热情。再加上稳定的资金管理方法，投资者一定要为长期的交易事业奠定良好的基础，而这些都是成功的重要前提。

NO.008 其他骗局

除了上文中提到的典型骗局之外，随着网络的发展，市场中还衍生出各式各样的骗局。

◆ **暗箱对冲**：即多名操盘手联手做对冲，无论结果如何，最终肯定会有一个操盘手是赚钱的，所得的利润操盘手均分，最终承担损失的还是普通的投资者。

◆ **账户反佣**：如果投资者使用的保证金平台，无论赢亏，只要投资者下单，就会按一定金额付给投资者佣金，这听起来确实很吸引人，而且现在国内很多平台都在打着这样旗号来竞争。然而，羊毛都是出在羊身上，如果投资者选择这样操作以后，会非常不幸的在后台被软件盯着，轻者滑点，重者不给好的成交价格。

14.3 外汇交易中的习惯与心态

在接触到很多外汇投资者，了解他们日常的交易习惯和心态后就会发现，在外汇投资中，无论是亏损的投资者，还是赚钱的投资者，他们身上分别都存在一些共同点。习惯与心态对于外汇投资来说，尤为重要。

NO.009　外汇交易中的坏习惯

在市场中曾流传这样一句话：赚钱的方法只有一个，但亏钱的方法总是千奇百怪。那么在外汇投资中亏损的投资者，他们有着什么样的坏习惯呢？具体如下。

◆ **下单后到处去看汇评**：市场永远都是有两种声音的，如果只有一种声音，就不会有人赚钱有人亏钱了。如果投资者看到跟自己下单一样的汇评，感觉神清气爽，认为肯定大赚，看到方向不一样的汇评就紧张无比，想着快点离场。

◆ **亏损后锁仓**：止损是需要很大勇气的，人都有不认输的心理，尤其关系到认输就会损失很多钱的时候。此外，现在有些平台也在误导客户，比如锁单后返还保证金，提供对冲功能等。从投资经验来看，锁仓后什么时候解锁，什么时候再锁的选择真的非常痛苦，如果变成单边市的话，就不只痛苦了，而是心痛和极大的损失。

NO.010　外汇交易中的好习惯

在了解了外汇交易中的坏习惯后，更重要的还是了解并逐渐养成好习惯，只有良好的习惯才能帮助投资者在外汇交易中如鱼得水。

- 每次进入或退出平台时检查一下，是否有未生效的挂单，是否都已经设置了止损。
- 既然有了成功率高的交易信号，就应该坚定地相信并坚持跟住每一个单，不要受自己的主观判断影响，事实证明自己的判断在更多时候只会产生困扰。
- 操作过程中要严格止损，因为止损永远不会是错误的做法。
- 不要追求理想化，永远不要希望在最好的价位入市及平仓。
- 永远不要坐在电脑前太多时间，根据信号设置好止赢止损就出去做些别的事，把自己解放出来。
- 控制怕输的心理，越怕越输。
- 控制贪婪的心理，贪婪会让投资者做出错误的决定。
- 严格控制仓位比例，警惕外汇投资风险。

NO.011　养成良好的投资心态

作为普通投资者，我们不可能像专家投资或是庄家投资一样在汇市驰骋，所以我们无论做任何的投资操作，都是希望以稳定为主，并且获得更多的收益。在这样的前提下，树立正确的投资心态就非常重要了。

汇率变化频繁且剧烈，只有良好的投资心态，才可以让投资顺利进行。下面我们就来看看在汇市投资需要树立哪些心态，具体如表 14-1 所示。

表 14-1

应树立的心态	说明
拒绝赌博	任何投资都不是赌博，外汇投资也一样。虽然理论上外汇可能让你一夜暴富，但如果有这样的赌博心态，只会让你全盘皆输，甚至是倾家荡产
切勿贪婪	贪婪，也是外汇投资中的大忌。外汇市场是一个高风险的市场，从事外汇投资，在获得一定的收益之后，切记不要妄想继续获利，最重要的还是根据市场盘面来分析走势，不要一味追单
不盲目跟风	在外汇市场，投资者的跟风心理是完全不可取的。投资者在初期进入汇市时，可以跟随一些有经验的投资者进行操作，但每个人的投资情况不一样，风险承受能力不同，而且汇市的虚假消息非常多，盲目跟风只会造成投资失败
不盲目追求整数	在进行外汇投资时，有的投资者喜欢追求整数点，比如希望赚够 10000 元，希望等到某一点位进行交易。但是外汇是一项波动剧烈的投资产品，盲目地追求整数点位，很有可能错过最佳交易时间
不可骄傲自满	树立不骄傲自满的心态表现为两点：一是在投资之前要正视自己的风险承受能力与财务状况，选择合适的投资产品与金额；二是当赚了一笔资金之后，需要整理心态，重新开始，汇市没有常胜将军
正视损失	汇市变化莫测，出现投资失败是常有的事情，当我们面临损失的时候，首先要及时止损，不要企图再次翻盘。其次要从失败中总结经验，整理资金，为下次投资做好准备

读 者 意 见 反 馈 表

亲爱的读者：

感谢您对中国铁道出版社有限公司的支持，您的建议是我们不断改进工作的信息来源，您的需求是我们不断开拓创新的基础。为了更好地服务读者，出版更多的精品图书，希望您能在百忙之中抽出时间填写这份意见反馈表发送给我们。随书纸制表格请在填好后剪下寄到：北京市西城区右安门西街8号中国铁道出版社有限公司大众出版中心 张亚慧 收（邮编：100054）。或者采用传真（010-63549458）方式发送。此外，读者也可以直接通过电子邮件把意见反馈给我们，E-mail地址是：lampard@vip.163.com。我们将选出意见中肯的热心读者，赠送本社的其他图书作为奖励。同时，我们将充分考虑您的意见和建议，并尽可能地给您满意的答复。谢谢！

- -

所购书名：_____

个人资料：

姓名：_____ 性别：_____ 年龄：_____ 文化程度：_____

职业：_____ 电话：_____ E-mail：_____

通信地址：_____ 邮编：_____

- -

您是如何得知本书的：

□书店宣传 □网络宣传 □展会促销 □出版社图书目录 □老师指定 □杂志、报纸等的介绍 □别人推荐
□其他（请指明）

您从何处得到本书的：

□书店 □邮购 □商场、超市等卖场 □图书销售的网站 □培训学校 □其他

影响您购买本书的因素（可多选）：

□内容实用 □价格合理 □装帧设计精美 □带多媒体教学光盘 □优惠促销 □书评广告 □出版社知名度
□作者名气 □工作、生活和学习的需要 □其他

您对本书封面设计的满意程度：

□很满意 □比较满意 □一般 □不满意 □改进建议

您对本书的总体满意程度：

从文字的角度 □很满意 □比较满意 □一般 □不满意
从技术的角度 □很满意 □比较满意 □一般 □不满意

您希望书中图的比例是多少：

□少量的图片辅以大量的文字 □图文比例相当 □大量的图片辅以少量的文字

您希望本书的定价是多少：

本书最令您满意的是：

1.

2.

您在使用本书时遇到哪些困难：

1.

2.

您希望本书在哪些方面进行改进：

1.

2.

您需要购买哪些方面的图书？对我社现有图书有什么好的建议？

您更喜欢阅读哪些类型和层次的理财类书籍（可多选）？

□入门类 □精通类 □综合类 □问答类 □图解类 □查询手册类

您在学习计算机的过程中有什么困难？

您的其他要求：